每个人
都能心想事成

鲍 阅◎著

知识产权出版社
全国百佳图书出版单位
—北 京—

图书在版编目（CIP）数据

每个人都能心想事成 / 鲍阅著 . —北京 : 知识产权出版社 , 2020.5
ISBN 978-7-5130-6877-2

Ⅰ . ①每… Ⅱ . ①鲍… Ⅲ . ①鲍阅—自传 Ⅳ . ① K825.1

中国版本图书馆 CIP 数据核字 (2020) 第 060365 号

内容提要

上天给我们一个低的人生起点，其实是让我们用一生的时间去书写一段属于自己的传奇人生，表面看人生颇多不如意，殊不知我们每个人都是自己生活的编剧。本书是作者鲍阅的励志笔记，她通过分享自身的成长经历和对事业的坚持，告诉我们：幸福是有秘诀的。在书里，她真诚地把这些秘诀分享给了大家。她希望我们每个人都能活成心想事成的自己。

责任编辑：张水华   责任印制：刘译文
封面设计：回归线（北京）文化传媒有限公司   责任校对：谷 洋

每个人都能心想事成

鲍 阅 著

出版发行：知识产权出版社有限责任公司	网 址：http://www.ipph.cn
社 址：北京市海淀区气象路 50 号院	邮 编：100081
责编电话：010-82000860 转 8389	责编邮箱：46816202@qq.com
发行电话：010-82000860 转 8101/8102	发行传真：010-82000893/82005070/82000270
印 刷：天津嘉恒印务有限公司	经 销：各大网上书店、新华书店及相关专业书店
开 本：880mm×1230mm 1/32	印 张：7.25
版 次：2020 年 5 月第 1 版	印 次：2020 年 5 月第 1 次印刷
字 数：160 千字	定 价：48.00 元

ISBN 978-7-5130-6877-2

心 中 有 爱

眼 中 有 光

用 满 溢 的 爱 滋 养 他 人

摄影/李奕谋

既有大女人的格局
更有小女孩的情趣

摄影/李奕谋

所有
的和解

摄影／李奕谋

靠内心的祥和与慈悲

相由
心生

摄影 / 李奕谋

修心中的淡定从容
寻眼里的温柔恬静

每个人都能成为自己的英雄

杨　华

出身于贫寒的家庭，幼年时父母离异，在物资匮乏与单亲家庭中长大；

未成年时先后经历与最亲近的养育人——爷爷奶奶的生死离别；

大学时身心出现严重危机，开启了自我疗愈之旅；

28岁圆少年梦想，出版了自己的第一本家庭教育书籍，两年内几次加印；

30岁活成心想事成的样子……

当捧着鲍阅这部《每个人都能心想事成》的书稿时，通宵达旦读完，伴随着如潮水般涨落的泪水，与不着边际的悲欣交集。

一个从未见面的年纪轻轻的女孩，以如此撼动人心的力量，闯入我的视线。

我试图想要粉饰她的人生，把她塑造得

神圣传奇。任我从书的第一页翻到最后一页，连夹缝都不曾放过，终未能找出她的不凡之处来。

她只是一个资质寻常的普通人，如同邻家小女孩一般。但是她不同于邻家女孩千人一面的脸，总在我的脑海浮现，让我隐隐约约地察觉，她的出现，自带某种玄机，需要破解，开示。

这个心结，困扰了我大半年。其间，一直跟随她学线上心理课，并几次于夜深人静时重读她的书，希望能有所开悟，却终不得解。

直到遇见约瑟夫·坎贝尔的《英雄之旅》这本书，瞬间有拨开云雾见金光的亮堂，我终于找到独属于鲍阅的神话原型。

作为 20 世纪最伟大的神话学大师，坎贝尔以自己的亲身实践，创立了"英雄模型理论"，对世界产生巨大的影响，成就了众多领域的英雄人物。

用他的启程、启蒙、归来的英雄之旅模型，来解构身为普通人的鲍阅的人生轨迹，我发现，契合度竟是如此之高，与那些受益于该理论而载入史册的伟人、名人并无二致。

生活在日常世界，饱受艰难困苦，从小承受超负荷重压，心智能量长期透支，到大学时身心俱疲、濒临崩溃的鲍阅，并没有自暴自弃，而是听从命运历险的召唤，卸下过重的人生负担，开始学习心理学，从此踏上寻找自我的旅程。

大学期间，除了系统学习心理学，她在老师的指引下，还大量阅读名人传记，与书中卓越的人物对话，以之为自己的人生导师。同时，她多方拜师学艺，全面学习各个流派的心理学课，心理老师的传授、督导、照见，成为她前行的光亮。

为了更好地疗愈自己，她一次又一次揭开成长过程中的累累伤痕，历经一次又一次蜕变与重生，实现一次又一次与自己、与亲人、与世界的和解。

她到太阳村做公益，给予缺乏家庭温暖的孩子以爱与陪伴，以如此方式，联结了自己童年时少爱的缺憾。

她直面现实，用自己所学知识，引导母亲走上自我疗愈的道路。在亲情的相爱相煎乱麻中，理出一条走向幸福的主线。

她满怀感恩之心，善待每一个生命。欣赏尊重爱人，陪伴接纳孩子，友善互助邻居，赤心诚待学员，所到之处，播下的全是爱的种子……

当她织补心灵的残缺，满血复活生命的能量，踏上回归的旅途，她将自己取经的生命意义，开课传授给如同曾经的自己一样苦苦挣扎于命运旋涡的普通人，让更多能量微薄的个体，找到幸福的钥匙，解码自己的人生轨迹。

鲍阅，这位年轻的女子，是怎样踏上属于她自己的英雄之旅的？

她再一次与坎贝尔所提出的"找到内心的极乐"不谋而合。她以探寻自我的勇气和对自我蜕变的追求，坚持不懈地寻找真我。一旦找到真我，就深入到自己的内心，正直坦诚地生活。

哪怕生活并不富裕，住出租屋，布衣素食，她也不随波逐流，而是坚守本心，从事自己真正喜欢的工作。

她说，"能够全凭本心地去做自己喜欢的事，那种幸福感，就像清澈溪水的涓涓细流，在心田里流淌，那般酣畅淋漓"。

正因为听从内心的召唤，她才能在纷繁复杂的世界找到独特的自己，在人生的前半段，已是悟性满满，气象初现。她说，"我对自己人生最满意的地方在于，能够在 30 岁的时候，成为心想事成的自己"。

哪怕是最平凡的生命，也有自己的使命，能活出自己的神圣。这份神圣，就在你驻足的每个地方，就在当下的每个时刻。你总能与最好的自己联结，与天地万物相和谐。

每个人都能自我疗愈，成为心想事成的自己，成就独一无二的个体。鲍阅用自己的亲身实践做了诠释。

正如坎贝尔所说，"决心成为自己就是一种英雄行为"。无论你多么平凡普通，你都能成为自己的英雄。

或许，这正是鲍阅这本书的价值所在。

（杨华，《西南作家》杂志优秀签约作家，在多个国家级刊物发表作品数百万字。出版国内首部"蓉漂"散文集《不似天涯，是吾乡》。与儿子合著散文集《你的九岁，我的九岁——亲子文学成长手记》，被誉为"大陆版的《亲爱的安德烈》"，广受两代读者好评。）

我们每个人都是自己生活的编剧

米芷萍

那天，接到鲍阅发来的信息时，我正在机场候机。从北欧到中国，在飞行了十几个小时后，落地北京，然后再从北京到我的家乡。

在飞机里我透过舷窗往外看，没多久困意袭来。在半梦半醒中，我好像回到十几年前，那时我还是一个未出过远门的山村小女孩。有一些情景是清晰和生动的。后来空姐过来和旁边的人说话，我醒来。此时，我不再是那个羞怯的小女孩，我通过自己的努力，由家乡到大连、上海、丹麦，再到挪威。如今，我算是"心想事成"。想到这四个字时，我决定答应鲍阅的邀约，为她写序。

"上天给我们一个低的人生起点，其实是让我们用一生的时间去书写一段属于自己的传奇人生故事，表面看人生颇多不如意，殊不知我们每个人都是自己生活的编剧。只要用心，每个人都能心想事成！"这段文字是此书的核心，也正是我的生活态度，更代表了鲍阅在经历世事后的感悟。

鲍阅是一个有目标的人。如她自己所说，她在确定目标之后，从不瞻前顾后、患得患失。在达成目标的路上，她一路坚持，从不妥协认输、轻言放弃。正是她这种做事果断、理智又成熟的性格打动了我。

是的，鲍阅起点低，是属于现在大众所说的"输在起跑线"的人。她的家庭没有给她带来富裕的生活，父亲下岗后他们一直处在贫穷之中。身体没有得到公平的对待，思想上，命运更是不太厚待这个无辜的小姑娘。因父母离异，她缺少母爱的关怀，未成年时又经历爷爷奶奶的离世。

命运的多舛本可以击垮她，她也有足够的理由去寻求更多的帮助，甚至就听天由命，得过且过。可是真正强大的人，当生活的磨难重重砸来的时候，会有足够的韧性接受所有的考验，哪怕是委屈和不公平，甚至是失败的结果。

这个世界上真正伤害你的人只有你自己。失败了，就当是品味人生壮烈后的豪迈。成功了，可以分享人生辉煌时刻的一场绽放。鲍阅不怕失败，就怕还没开始就放弃，更怕开始后的中断。如果要问我的朋友中谁做事能坚持到最后，那么这个人一定是鲍阅。

鲍阅一直是个感恩的人，感恩她的继母、恩师、婆婆、丈夫、孩子和朋友……她感恩继母的包容与坚韧，感恩她苦苦撑起这个家；她感恩恩师在她孤独无助时，给予的母亲般的耐心陪伴；她感恩婆婆对自己视如己出，给予了她无微不至的照顾；她感恩丈夫和孩子让她真正体会做妻子和母亲的快乐与幸福；她感恩每一段真挚的友谊，即使不常联系，身在远方却心在咫尺……

我也一直坚信朋友是没有血缘的家人。卡耐基曾说过，感恩是极有教养的产物，你不可能从一般人身上得到，因为忘记或不会感谢乃是人的天性。是啊，多少人在拿天性来挑战人性，而人性是脆弱的。鲍阅懂得人性的善恶，她就是要把善坚持到底，她做不到让恶人从本质上改变，但她坚信善一定能胜恶。

在读她写马加爵事件时，也许那句，"在雪崩之前，没有一片雪花是无辜的"，很触动人心。可于法律而言，他触犯了法律，他必须被定罪，他的行为不可原谅。于道德而言，模糊了正邪对立，他是情有可原的，甚至思想和行为是可以被原谅的。

鲍阅很理性地分析了事件背后的那些社会和家庭，还有个人心理问题形成的原因。一个好的教育者不是出事后去责怪当事人和他人，而是应该像鲍阅一样尽自己所能，避免类似情况的再次发生。也就是问题的问题不是只在解决问题，而是避免再次出现问题。

在这本书里你能看到的太多，相信感受也会很多。

最后感谢鲍阅的邀约，愿亲爱的读者们读有所获，大家都能心想事成！

2019 年 10 月 27 日
于辽宁

（米芷萍，出生于辽宁，现定居北欧挪威。出版散文集《与你相逢，总梦繁花一树明》。过云淡风清的日子，写有温度的文字。）

每个人终将遇见心想事成的自己

鲍　阅

自《爱的觉醒》出版以来，许多读者都在期待着我第二本书的问世。之前我一直以为第二本书，仍然会以家庭教育的视角来写，但是，很多事情的发展和预想的并不一样，说不清是机缘巧合，还是冥冥中自有安排。

自 2015 年以来，我一直在微信群中讲课。在微课的授课过程中，我偶尔分享一些自己的成长经历，更多分享的是心理学的专业知识。因为我觉得自己太年轻，资历尚浅，何况每个人的成长轨迹不一样。始终觉得自己的经历不够分量，讲出来不见得有价值，故不敢贸然在课上分享自己的经历。

但是，我却总是意外地收到学员们这样的反馈："鲍鲍老师，你在分享自身成长经历的时候，是我觉得最有力量的时候。很多时候你讲的专业内容非常好，但是我不知道怎么应用，你用你自身的觉察经历做了最好的示范，听你分享自身经历的时候就像听故事一样，不知不觉就吸收了，内化了，真的特别喜欢听你分享自身的经历。"

在越来越多的学员的鼓励下，我开始更多地在课程里分享自身的经历，也在不断的积累中，鼓足勇气写这本书。

此刻的我自己，回忆往昔，一幕幕经历记忆犹新。

我也深感这一路走来，自己的经历足够励志。我出身于贫寒的家庭，年幼的时候父母离异，在未成年的时候，与自己相依为命的爷爷、奶奶相继离世。

在一次次命运的重击下，我不但没有被打倒，反而越来越坚强。

在30岁的今天，我做着钟爱的事业，与相爱的丈夫彼此支持，我们共同养育了健康可爱的大宝，还有一个小生命在我的肚子里，即将出世。

三十而立，我完全过上了自己心想事成的生活。这一切，除了要感谢曾经给我爱的所有人，更要感谢我自己的勤奋与努力。

很多人羡慕我说："鲍鲍，你就是我想成为的样子！"

每当听到这样的赞许，我的使命感和责任感就更加强烈。因为每个人，都有机会过上心想事成的生活。

过上自己心想事成的生活，其实是有秘诀的，我希望把这些秘诀分享给更多的朋友。这秘诀，有些来源于自身经历中的觉察与反思，有些来自身边同学、朋友、学员的经历启示，有很多启示来自传记类书籍触类旁通的启迪，还有来自传统文化的影响与教诲，更有来自心灵成长的感悟与体会……

在读大学时，我问我最喜欢的袁飞老师："老师，您能推荐一些书给我看吗？"

袁飞老师说："如果你喜欢看书，不妨多花时间去看看名人传记、伟人传记。每一个伟人、名人之所以能够成就不凡，是因为他们的人格当中有一种非凡的力量。"

听了老师的建议，在大学的四年里，我经常去学校的图书馆，看的最多的书便是传记类文学。

在所有这些间接经历的影响下，我深知：人生路少坦途，多崎岖。"天将降大任于斯人也，必先苦其心志"，没有人会随随便便成功。这让我越是在人生低谷时，越是能够有一份乐观的心态和豁达的心胸，从不自怨自艾，而是一点点克服眼前的困难。

对我个人有着重要影响的，还有古圣先贤的智慧。我曾经从大二开始，捧着《道德经》反复背诵，那个时候，虽然我并不能够领会其深刻的哲理，但有幸，后来遇到多位老师，跟随他们持续学习。这部经典著作博大精深，虽然我只学到了其中的一点点皮毛，但是也知晓了"否极泰来、泰极丕来"的自然规律。

这些体悟，让我在现实面前更加接纳和从容，顺境时不沾沾自喜，逆境中不怨天尤人，面对一切逆境都能够臣服。

心灵成长之路，让我不断地去接近自己的那颗心，让我能够不断和自己的本能智慧去连接，在物欲横流的时代，不忘记自己的初心。我开始不断地剥除成长过程习得的限制性信念，开始挣脱群体意识的裹挟，活得越来越灵动，内心越来越富足。

很多人的痛苦，源于不知道自己喜欢什么，不知道自己想成为什么，不知道怎么过上自己理想的生活。我也是经历了内心的挣扎与苦闷，一点点地找到自己喜欢的方向，连接到自己此生的兴趣与使命。

所以，要想过上心想事成的生活，就要去连接我们的那颗心——我们此生到底想成为什么样的人。我非常喜欢高晓松老师的那句歌词——生活不止眼前的苟且，还有诗和远方。

很多人迷失在眼前的苟且，总觉得过上理想的生活，一定要有多么雄厚的物质基础，其实不然。我的很多来访者住着别墅，开着豪车，但是他们自己说："我现在最不缺的就是钱，但是我并不快乐。"

物质基础并不是影响我们通往幸福生活的必然因素，理想的生活从不以任何外在的物质条件为羁绊，也不能被名利地位所囚禁。

现在的社会，为了追求自己理想的生活，而放弃高薪工作的大有人在。不按照世俗既定的标准生活，需要有强大的自我，不受外界评价的干扰，不被世俗的评价体系所累，只追求内心的淡定与从容。

很多时候，无法接近理想的生活，其实是因为我们的贪念。我们既想过自己喜欢的生活，又不愿意放弃眼前的诱惑；我们既向往诗和远方，又对眼前的生活患得患失。

当我们抱怨自己的鞋子不好看的时候，有的人却没有脚。当我们纠结于如何选择时，很多人仅仅为了活着，就已经拼尽了全力。

我一直坚信，人生没有白走的路，所有苦难最终都将成为我们的财富。当命运给我们一个比别人低的起点的时候，反而让我们有更多的机会实现自我的超越。

　　想过心想事成的生活，需要我们不断修炼自我，相信一切都是最好的安排。

　　当我们不抱怨、不逃避、不贪婪、不执着，努力去拓宽我们的心胸，扩展我们的视野时，不再关注世人的眼光，不断塑造自己的独立人格，每个人终将遇见心想事成的自己。

2018 年 5 月初稿

2019 年修改

目　录

第一章

每一次选择，听从心的声音

天上，成千上万的星星在闪烁，

地上，千家万户的灯光在照耀，

一盏盏灯火，一个个家庭，

有幸福的，有不幸的，

在静谧、祥和的夜空下，

有灯火照不到的黑暗，

有星星听不到的哭泣……

从 14 岁起，我立志从事家庭教育，帮助那些破碎的家庭、无助的孩子。十几年来，我一直听从自己内心的声音，从未放弃自己的理想，无论艰难险阻，一路坚持，从不妥协认输，轻言放弃。

对梦想的坚守，让我终于心想事成，活成自己理想的模样。

引　言

　　我对自己人生最满意的地方在于，能够在 30 岁的时候，成为心想事成的自己。我在做着自己钟爱的事业的同时，仍然兼顾对孩子的良好陪伴，享受作为母亲的快乐。

　　很多人羡慕我的状态，其实没有人会随随便便成功。

　　我只是在清晰自己目标之后，一路向前，从不瞻前顾后，患得患失。

　　我只是在自己通往梦想的路上，一路坚持，从不妥协认输，轻言放弃。

　　我只是在生活中清楚想要什么，一路笃定，从不羡慕他人，左顾右盼。

　　其实，只要清晰自己的目标，听从内心的选择，克服路上的阻力，每个人都可以遇见心想事成的自己。

01 愚笨，可以打开另一扇窗

很多人最羡慕我的地方在于，我能够把自己的兴趣和工作结合在一起。当事业与兴趣一致的时候，人真的可以发挥出自己最大的潜能，没有丝毫能量的损耗。即便，再平常不过的生活，因为有了与事业的结合，而显得有声有色。陪伴孩子成长、与闺密畅聊，都可以为我的工作提供支持和给养。自主创业的这份时间自由，也令很多朋友羡慕不已。

是的，对于生活在北京的我来说，能按照自己的节奏生活，实在是一份莫大的幸福。

当上班族匆匆追公交、挤地铁的时候，我可以和创业伙伴在舒适的咨询室备课；当大家忙于工作，片刻不得闲时，我可以和好友品茶聊天，体会当下那份美好与惬意；当大家有了工作就顾不得孩子，照顾孩子就意味着放弃工作，陷入取舍的两难时，我可以做到事业与陪伴孩子两者兼顾。

是的，能每天做着自己喜欢的事情，何其幸福！我常常会因为讲了一节微课，分享的闸门就好似被启动，后面的系列微课的主题内容，便如滔滔江水一样奔涌而出。回到家已经将近十点，等把孩子哄睡之后，我会赶紧拿出纸笔，或用手机备忘录记录下这些内容。

能够全凭本心地去做自己喜欢的事，那种幸福感，就像清澈溪水的涓涓细流，在心田里流淌，那般酣畅淋漓。

有时候系列微课的提纲，已经跃然纸上，可感觉还是不够尽兴，于是我再写一篇两三千字的文章，不知不觉便工作到凌晨两三点。在这个过程中，我毫无睡意，直到把那些内容全部记录下来，才会安心睡去。

所有工作的内容，没有迫不得已的无奈，更没有敷衍了事的应付，全部出自于我的本心，出自于身心一致的自然流露，是那么顺畅，那么浑然天成。

更何况，我所做的工作，既能够帮助自己幸福，又能够成就他人幸福。

很多人对我说：“你与家庭教育事业有着前世今生的缘分。”这
缘分，如此可贵；这事业，缘定终生。

能在30岁的今天，过上理想的生活，得益于我的目标感强：特别清楚自己想要什么，也特别了解什么适合自己。这反而要感谢自己愚笨的一面。

前不久，我的同窗好友来到我的工作室看我。我们俩初中在一

个班级，那时候我是班长，她是团支书。毕业之后，她原本也在北京工作，后来为了和父母团聚离开了北京，辗转几年，最终她又回到北京读 MBA。

这天，我们坐在窗边一边喝茶，一边晒太阳，聊了整整一天。她是一个很有才情的女子，智商颇高。我们回忆起中学的时光，聊到共同认识的朋友的现状，聊我们对人生的态度，聊我们面对生活不同的选择。

在对待事业的选择上，我们达成了一种共识。她的天资真的远胜于我，学习食品专业的她，在零售行业工作几年之后，又重回北京求学，至今还不十分确定自己未来的职业方向。而我，能够早早地扎根于自己热爱的事业，却恰恰得益于很多东西我学不好。

这要从高中时候说起了，如果说我的人生有低谷的话，那肯定非高中莫属了。初中以前，因为特殊的家庭环境，我总是比同学们付出更多的努力在学习上，成绩与刚刚提到的那位同学不相上下。那个时候，虽然能够成为学习上的佼佼者，但是我可能已经尽了全力。可人家一边学习，一边看着各种小说杂志，成绩跟我平齐，显然只是用了三五成力在学习上。

上了高中之后，智商的差距就显现了出来，虽然我拼尽了全力，但是她们的数理化成绩却是我望尘莫及的。

入学之初，我是凭中考成绩考进的实验班，而第一个学期结束，我的成绩却排到了 31 名，我被实验班淘汰了，到了平行班，因为实验班一共只有 30 个名额。离开的时候，我怀着莫大的不甘心。从那以后，几乎每一次考试，我都在心里暗暗发誓，下一次一定要考回去！可是无论我怎么努力，都未能如愿，下一次还可能被甩得更远。

当与这位相识了二十几年的同学对坐着，阳光洒满茶桌，我们聊着自己和共同认识的人的过往，不禁发出了相似的慨叹：上帝为每个人关上一扇门的时候，真的是打开了另一扇窗。

世间的万物有利就有弊。学生时代的她，无论学习文科还是数理化都轻而易举。毕业后的几年，她先是为了亲近父母而离开北京，辗转几年又考回北京读 MBA，这样的选择如果换成我，即便辞了工作都未必能如愿，而她在工作之余就可以实现。

她自己也说："有时候，或许因为我达成一个目标相对容易，反而不那么在意也不够珍惜。以至于已过 30 岁，除了清晰自己对文字的热爱，并不笃定自己终身的兴趣。"

而我，曾经在数理化上有过痛苦的挣扎，优势与劣势过分鲜明。这样的经历，反而早早地让我把兴趣和工作结合到了一起。

高考报志愿的时候，我选择了大连市，因为我的分数只高出二本分数线 20 多分，可选择的空间并不大。我首选的专业，又都是非常热门的，于是被调剂到了光电子技术科学专业。

我记得开学的时候，本专业的老师花了不少时间给我们打气，告诉我们，这个专业未来的前景如何可观，但是我丝毫燃不起任何兴趣。当老师热情地在讲台上讲着专业课的时候，我的思绪早就不知神游到了哪里。

这种身在教室、心已远去的状态，实在令人痛苦不已。已经不清楚是什么时候，我萌生了转专业的念头。

我对我的辅导员说起想转专业时，他说："出于老师的身份，我舍不得你走。但是出于朋友的角度，我支持你。"我的辅导员，当时是我们学院的团委书记，我是他的助理。学校评估期间，会在新生中抽签谈话，我们学院选出的唯一一个新生就是我，可见他对我十分欣赏和信任。

我的班导师也非常喜欢我。我曾经在中小学有十多年当班长和团支书的经历，或许这些经历莫名地就能给老师一份信任感。当班导师得知我不参与班委竞选的时候，她特意打电话给我，语重心长地说："鲍阅，如果你做了班委，老师会觉得很放心。"

离开一起度过大一时光的同学，和如此器重我的老师们，我固然不舍，但是，我又十分清楚自己想要什么。其实报考志愿时就很想学心理学，无奈分数和城市的限制，我与心理学专业失之交臂。大一结束是唯一的一次转专业机会，我绝不放过。

当时的母校只有33个专业，没有与教育和心理学相关的专业，我做出的选择可能出人意料。既然没有我喜欢的，那读这个大学，对我来讲是要取得学历，于是，我选择了比较轻松的专业——旅游管理，并顺利通过了考试及面试。

之后的三年，只要确保不挂科，能逃的课，我基本都逃了。我会躲在寝室看与心理学相关的专业书籍；会泡在图书馆看各类喜欢的文学作品；会做家教，切身感受每个家庭对孩子的影响；还会做兼职，提升自己的沟通和协作能力。

也曾躲在寝室一遍一遍地看王利芬老师主持的创业主题的节目《赢在中国》，其中担任评委的有柳传志、张瑞敏、马云、宁高宁、牛根生、史玉柱、俞敏洪等成功的企业家，我会把触动我的评论记录在笔记本上，这些企业家在节目中说的很多话，至今我都记忆犹新。

此外，我的母校在创业氛围上给了学生极大的自由，这也为我今天的创业提供了助力。当时我认识了很多有创业精神的学哥学姐，他们都对我影响极深。

或许，从那时候起，我心中已然悄悄播撒了创业的种子，这颗种子在我后来的人生路上，一点一点生根发芽。

如果不是我学物理学得那么痛苦，我是否有勇气毅然放弃原来的专业？如果我也能轻而易举地胜任转换工作，我是否还会选择踏上创业这条路？

人生没有如果，每一个当下，我都听从了内心的选择。所以，当我们身陷囹圄时，不要放弃梦想。当我们内心痛苦时，不要放弃希望。只要有一颗坚持的心，我们终将可以循着关上的这扇门，找寻到为我们敞开的另一扇窗。

02 机会，总会眷顾有准备的人

在 26 岁的这一年，我生育了可爱的女儿；27 岁的时候，如愿成为一名心理咨询师；28 岁时，出版了我的第一本书《爱的觉醒》；又在 30 岁这一年，成为最年轻的"高级家庭教育指导师"的培训讲师。

三十而立，我已经遇见了心想事成的自己，这令许多渴望从事家庭教育事业的朋友羡慕不已。但是这条路绝非一帆风顺，虽然，我很早的时候就目标清晰，但朝向梦想灯塔航行的路途中，却也充满了艰辛与不易。

大四那年，我到一家一对一教育机构实习。对于一个应届毕业的大学生来说，能够跨专业找到一家教育机构的工作我已非常知足，面试的时候总监很欣赏我，因为我有清晰的目标和方向，而且对教育有着自己的理解。

工作了半年，我决心辞职。因为来这里接受教育的孩子，年龄最小的也已经上了小学，更多的是初高中的学生，他们的性格习惯已经养成，而且家长把孩子送过来的目的是提高分数。而对于家长如何给予孩子健康的爱，这份工作鲜少支持，这点和我的初衷是不吻合的。于是，我离开了大连，只身来到北京，在一家早教中心工作。

刚来的时候，我每个月的底薪只有2000元，为了节约开支，我跟一个姐姐合租了一个不到10平方米的房间，她睡下铺，我睡上铺。虽然生活条件艰苦了点，但是整个人显然比以前快乐了。因为工作之余，我跟家长们有很多互动交流，而且其中的很多家长表示，我的分享让他们很有收获。这，是最令我高兴的事情。

虽然较之前的工作，我觉得可以帮到家长更多一些了，但是以一周一次来早教中心的频率，我们能够对这个家庭起到的帮助作用，其实是微乎其微的。这，离我的目标还是很有差距。

因此，我一边留在早教中心工作，一边不断地利用业余时间给自己充电，学习心理学方面的知识，这期间通过学习和考试，分别在2011年考取了国家三级心理咨询师，2013年考取了国家二级心理咨询师。

结婚生子之后干脆辞职创业，开启了完全从"心"选择的日子。

创业初期，最难的是怎么让更多的人了解并信任自己，因此，一直以来，我都抱着"低头做事莫问前程"的心态，只要有机会可以讲课，从不计较报酬。

女儿母乳期间，我曾多次到离家100多公里远的河北省霸州市做讲座。为了不影响给女儿喂奶，每次去那里我都是当天往返，需要早上五点起床赶到北京西站坐火车。到了霸州的幼儿园，上午给家长们做讲座，下午给老师们做分享，一天的工作结束之后再乘火车返回北京，到家往往已经快晚上十点了。即便如此辛苦，我也没有要一分酬劳，而是感谢对方能够给我历练自己的机会。

创业初期，另外一个难处是要承受着入不敷出的经济压力，因为成为一名合格的心理咨询师，需要不间断的个人成长，并为此不断付出。

在三年的时间里，我系统地学习了精神分析、意象对话、萨提亚家庭治疗、本性治疗、易术心理剧、自体心理学以及高级家庭教育指导师等诸多课程。同时参加朋辈督导小组，长期做一对一个人体验，更重要的是经常性地自我觉察和反思。虽然日子过得拮据，但是却在一步步接近更好的自己。

一路积累下来，在2015年的10月，应广州一位姐姐的邀请，在她的微信群里我做了第一次微课的分享。在这之前我是拒绝微课的，因为我感觉人与人之间，只有面对面交流才有温度。虽然是抱着试试看的心理做的分享，但是结果，却出人意料，好评如潮。

从那以后，我的微信课程一期接着一期地开设，帮助过成百上千的学员。这些学员来自天南海北，有的生活在海外。

感谢自媒体时代，仅仅通过微信，就有越来越多的朋友认识我，并关注我。很多朋友跟着我们学习系统的成长课程，有些人因为成长，让濒临破裂的婚姻得以修复，孩子的行为问题迎刃而解。在那段时间里，每每收到他们感恩的话语，我都欢喜雀跃地像个孩子，这是对坚持梦想的自己最好的鼓励。

心灵成长这条路不容易。2011年我在参加国家二级心理咨询师学习的时候，老师就提醒我们这些学员，千万不要辞职从事心理咨询这个行业，三五年内都无法养活自己。而我有幸在跨行三年的时候，有了一定数量的学员，并在28岁这一年实现了初中时就许下的心愿——出版了自己的第一本书《爱的觉醒》。

14岁的时候，我信誓旦旦地对姨妈说："我要出版一本家庭教育的书！"我也经常对好友提起自己写书的愿望。大学毕业的时候，高中同学还跟我开玩笑说："你说写书都说了几年了，如今连个封皮都没见到！"

2015年12月8日，这一天，北京第一次因为雾霾全城放假。而我全然忘掉了空气质量问题，兴奋地前往中国妇女出版社，见了编辑王海峰老师和副社长姜喆女士。

我们聊得很投缘，后来顺利地通过了选题申报。直到我们的交流进行到后半程的时候，我才意识到，整个出版社只有姜副社长和海峰编辑两个人在，其他工作人员都休假在家，他们二位是专门留下等我的。此情此景，如今回忆起来，兴奋之余仍然十分感动。

到家后，我把要出书的这个好消息发了朋友圈，获得了上百条的留言点赞。那一年的我27岁，终于离自己13年前许下的愿望迈进了一步。

看着一个个点赞的心，读着一条条亲朋好友的关心与祝贺，我的眼泪不自觉地夺眶而出，回忆着自己在坚持梦想的路上，跌跌撞撞，困难重重。但是，有了这个里程碑式的礼物，自己心满意足。

我跟海峰老师相识，源于我的一次公益微课。那个时候，中国妇女出版社也在做微课，他为了寻找好的老师，有关家庭教育的微课他都会参加。听了我的微课之后，他主动加我为好友，看了我过往写的文章，他毫不犹豫地告诉我，可以实现出书的愿望。

幸运来得如此猝不及防，但我也深知，幸运的背后，离不开自己多年的坚持与努力。

2016年11月，我把从出版社拿回来的自己的第一本书捧在手里，那种喜悦和欣慰无法言说。

好友们十几本、几十本地买我的书，每天朋友圈都被关于我的书的信息刷屏，我自然被赞许和夸奖包围着。

那时候，我开始感觉，自己好似从灰姑娘变成了高贵漂亮的公主，而这变化不是因为王子，而是因为我自己坚持不懈的努力。

2018年10月28日，我又收到一个好消息，北京一家家庭教育研究院向我递出橄榄枝。这家研究院已经培养了上千名家庭教育指导师，他们邀请我成为"高级家庭教育指导师"的培训讲师。

这个消息，让我和家人欣喜了好一阵子。因为在这个平台授课的老师，都是名师大家，最年轻的也有40岁。30岁的我，有幸成为这里有史以来最年轻的授课讲师，这也是对我能力与努力的极大肯定与鼓励。

如今，我已经在微信上授课四年时间，最早跟随我学习的学员里，已经有不少人成功地进入家庭教育领域。

每个人与我结缘的时候，要么是在教育孩子陷入困惑迷茫的时候，要么是自身遭遇极大痛苦的时候……他们向我求助的时候，是充满了迷茫焦虑和无助的。但是一路走来，其中有些学员，伴随着不间断的个人成长，已经取得了高级家庭教育指导师的认证，成了合格的家庭教育指导师。

他们的成长也得益于他们自己的付出与努力，他们会反复地听我的微课，甚至做饭的时候都要播放着我讲课的音频，同时，他们又在生活细微处觉察与反思，时时刻刻不在成长。

如今，他们也都遇见了心想事成的自己。进入家庭教育领域后，他们结合自身的经历，也可以影响和帮助到许多人。想到这里，我心底就会升起更大的欣慰，因为给学员讲课的时候，就好像播撒爱的种子，如今这些种子生根发芽，他们继续把这爱的事业传递了下去。

我也经常能够收到一些人的信息，询问我如何成为一名家庭教育指导师。我会告诉他们：一方面，每个人要不间断地成长，完善自己；另一方面要学习专业知识，助己助人。

但总有很多人，空有从事家庭教育工作的愿望，却不付诸实践。纠结于自己对原有的工作失去兴趣，但又在家庭教育领域完全没有经验，深知转行需要投资学习，但又不愿意承受经济压力而始终裹足不前。

没有人会随随便便成功。每一个人成功的背后，都付出了艰辛的汗水。

在这里，我最想感谢我自己的一路坚持，再苦再难再累再大的经济压力，也从来没有放弃过对梦想的坚守。最终，我等到了幸运女神的降临。

机会，永远留给有准备的人。

03 坚持，才是穿越自卑的力量

很多朋友说："鲍鲍，我最羡慕的就是你的自我欣赏与自我接纳的能力。"

然而我又何尝不是从自卑里走过来的呢？

高中时我自卑，因为家里太穷了。穿的大多是别人穿过的旧衣服，甚至很多衣服都是妈妈、姨妈的，跟我的年纪不相符。

作为青春期的少女，我那么敏感，炎炎夏日里，我宁愿穿着符合自己年纪的长衣长裤，也不想穿着成熟老气的短袖。同学的家长关心我说："鲍阅，你不热吗？"我却无言以对。

学业上的低谷，也让我自卑得无法自拔。高中以前，凭借自己的努力，我一直可以在班级名列前茅。但是上了高中之后，学校里人才云集，无论我怎么努力都考不回实验班。

别人半个小时就能够做完的数理化作业，我却要付出比别人多三倍的时间。每当拿自己的弱势跟别人比的时候，我都自卑得不得了，那种痛苦和压抑令人窒息。

上了大学，我发现自己有点"土包子"，因为大学以前只知道学习，在我登上开往大连的列车上，我就意识到了这个问题。那一天，有一个同学跟我坐同一趟车，我们都在哈尔滨转车，她那边有五六个同学为她送行，我这边除了家人，一个送行的同学都没有。

那时候，我就在反思，自己也不是没朋友，为什么没人为我送行呢？是因为我很少花时间跟朋友玩、闲聊，我害怕浪费时间。可以说，在上大学以前，我几乎把所有的时间和精力都投入到学习上，以至于我都没机会意识到自己的人际交往短板。

当我意识到了自己的这个问题后，我就格外在意，生怕别人不喜欢自己。

我们寝室一共四个人，其中一个刚入大学就有了男朋友，于是剩下我们三个经常在一起，但是我发现我总是担心另外两个人的关系更紧密，自己被忽视。

直到有一天娜出去了，我藏在寝室里，娜进门看见艳儿，第一句话就问："小阅儿去哪儿了？"我才意识到，其实我们三个在对方心目中都是重要的。那种被忽视的感觉，是我心里的感受而已，并非真正的存在，只是自卑的我习惯了收集自己被忽视的信息而已。

后来，通过做兼职我认识了很多学哥学姐，他们都很欣赏我目标明确等特质，渐渐地，我找到了一些自信；做家教的时候，得到了家长们的信任与认可，我的自信一点点增强。但是，毕业前的第一份工作，又把我的自信打回谷底。

我是在大四那年的 4 月进入一家机构开始实习工作的，刚工作不久，父亲就因为视网膜脱落要去哈尔滨做手术，我连夜赶去等着爸爸和继母。那个时候家里没有积蓄，父亲的手术需要两万多元。我当时实习期的工资是每个月 800 元，养活自己都不够，还要靠大学四年的积蓄度日，更别说爸爸手术的时候，提供什么经济支持。因此，我觉得自己不够好。

第一份工作是做销售，我心里对产品不够认可，难以积极地推销给客户，业绩压力巨大。因为我跟总监合住在一起，又引起了其他人的猜疑，她们担心我会私下给总监打小报告，这导致我跟同事之间的关系非常紧张，甚至有时候当众被训斥。

那时候自己内心压抑到极致，工作累了就喜欢躲在宿舍，不仅觉得自己不够好，甚至认为自己很糟糕。生活黯淡了许多，少了往日的生机与活力。

直到我离开大连，来到北京，在早教中心担任销售顾问，可以运用自己在家庭教育方面看书、思索积累的育儿理念帮助到家长，自我价值感才有了些许提升。

后来结婚生子，做了母亲之后，更能够在育儿上与很多家长产
生共鸣。首先是在 QQ 空间我分享的一些日志得到了亲友的很多好评，于是鼓足勇气注册了微信公众账号，写的文章得到了很多读者的喜爱，自信一点点地增长。

后来，陆续有机构与我约稿，我的文章通过审核就可以发表在签约的平台，并根据阅读量获得相应的稿酬。有一次，编辑提醒

我说："你再想办法转发一下，你的这篇文章马上就创平台的纪录了。"于是我抱着试试看的心态，把文章发到了高中实验班同学的群里，告知大家，平台是根据阅读量给我发稿酬的。

结果出乎意料，不一会儿的工夫，同学们就纷纷在朋友圈转发。群里出现了几张截屏图片，我看到了熟悉的、不熟悉的同学的名字和头像，无论是曾经在一个班级的，还是素未谋面的同学，都在转发我的文章。甚至有的同学，会发到自己的同事群里，并发一个红包请大家帮忙为我转发。我心里感动极了。

过去，我以为自己仅仅在这个班里待过半个学期，很多后考进去的同学与我都不相识，心里一直自卑地认为这个班里没有自己的位置。这件事让我对自己有了新的认知，虽然这些年，疏于跟同学们联系，但是，大家对我的祝愿却一直在那里。

2016年2月，我在自己的家乡北安过春节。那年刚好是我们高中毕业十周年，实验班的同学组织了同学聚会。其实，以往几乎每一年都有聚会，但是我都因为自卑没去参加过。在得到了同学们大力支持之后，我终于有勇气参加这第十年的聚会了。我举起酒杯，对老师和同学们说出了曾经自卑的心理，得到了他们的理解和鼓励之后，我更有信心前行了。

紧接着，在2016年的11月，我的书《爱的觉醒》出版了，同期录制的一个视频也在公众平台发布了。在同学和亲友的大力转发下，我的那一期视频的点击量，达到了以往各期视频点击量平均值的好几倍。

其中有一位同学陈哲，她在朋友圈转发我的新书图片时，写了这段文字："我的老同学出书了！我们是 1999 年认识的，算一算十多年的同学情啦，当年在成绩上相爱相杀，然后惺惺相惜，大学后的各奔东西，有些感情只属于'老同学'，不管天南海北，同学情从不会因为距离而变淡。鲍同学是我们这些同学中少有的一直干正事的人，也许是家庭的影响，从上大学后她就给自己定位了未来的事业方向，从大学时的家教、培训班、幼教，到毕业后的亲子活动中心，进修心理学、自我心理成长、考取国家二级心理咨询师，成为真正的家庭教育指导师，这一切都是她多年来一步一步努力的结果，这本书也是她写了多年修改了多年的心血结晶，现在的她有幸福的家庭，可爱无比的暖宝，真正过上了幸福的生活，我们为她开心，也期待她所热爱的事业更上一层楼，我坚信热爱自己事业的人运气都不会差，让我们一起努力吧，期待叫你鲍教授的那一天。"

看到她发的这段文字，我感动得热泪盈眶。当时我在上海，做完新书发布会后，跟同学雅楠在一起聊天。陈哲与雅楠都是我的初中同学，高中的时候我的成绩只有被她们碾压的分儿，为此自卑了好多年。而今才知道，陈哲的数理化超级好，但是语文是她的短板，她用了"相爱相杀"形容我们曾经在成绩上的关系，在我对她的数理化自愧不如的时候，她正对我的语文成绩暗自羡慕。

这让我们唏嘘不已：竞争的环境下，我们太容易被淹没在成绩排名的汪洋里，忘记了自己的优势。我们习惯了看自己的不足，试图提升自己，以至于不断把自卑的种子在心中掩埋。

新书的出版、朋友们的鼓励使我的自我价值感迅速提升。

不久后，阅微心理工作室开业庆典，我的一位高中同学来了，她除了带给我祝愿，还带来了一个笔记本。

她老公伟峰同学，跟我是初中同校同届校友，他的高考成绩整整超过我100分，是当年黑河地区的理科状元。

初三那一年，我们同为年级的检查长，在颁奖前夕，我生病住院了，老师就把原本给我的"最佳检查长"这个荣誉给了伟峰，本子上原本已经写了我的名字，老师让伟峰自己改一下。过了十几年，伟峰说："这个事也忘了，最近想起来，如果当初我是那个校长，即便你生病，还是会发给你。"而带来的那个笔记本，正是当年的奖品。

当祝福的朋友们陆续离去，我一个人坐在工作室里，手里拿着这个本子，心中感慨万千。这个本子的象征意义真的很有趣，它曾经代表的就是荣誉。十年过去了，我终于凭借自己的努力，做着自己喜欢的工作，成立了自己的工作室，实现了自己的理想，逐渐走出了自卑的阴霾。

再也不用因为自己曾经的成绩不如人，而妄自菲薄，再也不用拿自己的弱势跟别人的优势比较，我可以完完全全地做我自己。我的价值感，不再来自当年的学习成绩，而是凭借自己清晰的目标，不懈地努力，活出心想事成的自己。

但愿，每个人都可以不被比较，轻松快乐地做独一无二的自己。

04 幸福，是活出理想的模样

布罗妮·瓦尔是澳大利亚的一名临终关怀护士，她将病人弥留之际的顿悟，记录在自己的博客中，该博客被广泛关注。后来她又将这些文字整理成书，名为《人在弥留之际的五大憾事》。

这五大憾事分别是：

一、我希望能够有勇气活出真正的自己，而不是按照别人的期望而活；

二、我希望自己工作别那么努力；

三、我希望自己有勇气表达自己的感受；

四、我希望能与朋友们有更多的联系；

五、我希望自己能够更快乐。

其中排在第一的憾事，是不能活出真正的自己。古语说"人之将死，其言也善"，而这些弥留之际的人，说出的人生憾事，离我们每个活着的人都不遥远。

纪伯伦曾说："我们已经走得太远，以至于忘记了为什么而出发。"

《奇葩说》第五季有一期的辩题是："高薪不喜欢的工作和低薪很喜欢的工作，你选哪个？"很多人会觉得，生活压力越来越大，生存成本越来越高，做自己喜欢的工作赚不了太多钱，在现实面前，只能选择高薪但不喜欢的工作。

前不久，李菁来北京的时候，我与她和她的先生闫凌也探讨过这个话题。我们达成的共识是，一定要做自己喜欢的事，哪怕这个事看似不那么赚钱。因为，在这个时代，一个人只要足够勤奋，做着自己喜欢的事业是不会过得太差的。

人只有在喜欢的事情上，才能够发挥无限的潜能，即便过程中有一些困难，压力也会被成就感冲淡。

很多人不喜欢自己的工作，每天工作压力大，痛苦不堪，却没有勇气辞职。其实是不愿意承担风险，因为现有的工作稳定，甚至是体制内的。因为内心里并不喜欢，即便怎么努力，也体会不到工作上的成就感。

很多人，觉得自己不敢轻易换工作是因为父母不同意，这个充其量算个借口，而非理由。做父母的都希望子女过得更好，他们之所以不同意子女换工作：一方面是父母对子女总是有许多担忧；另一方面是他们还沉浸在铁饭碗踏实、有保障的认识误区里。

随着时代的发展，恐怕再难有一劳永逸的铁饭碗。2018年唐山的一个收费站撤销，收费员因此下岗，其中一位女性说："我今年36了，我的青春都交给收费站了，除了收费我什么都不会。"这种稳定工作的可怕之处，远超过既得利益。

其实，我的父母跟大多数的父母一样，希望我有稳定的工作。我知道他们心里住着各种担忧，所以，应对他们的策略就是先斩后奏。我辞职不告诉他们，我独自创业，也谎称跟许多人合伙。因为，我不想他们的保守给我自己平添阻力，也不希望他们过多为我担忧。

当我的书出版、我的工作室落成、事业小有所成的时候，再跟父母摊牌，他们只会为我高兴。有时候，父母是否担忧，取决于我们能否让他们放心。

李菁研究生毕业后曾在一所高校里任教一年，但是她更愿意做一个有着自由时间的写作者和摄影师。她决定辞掉大学老师的工作，她的父母起初也是有担忧的。但是当她把自己开设摄影梦想课堂的第一期收入（相当于母亲一年的收入），交到父母手里的时候，父母自然不再担忧。

人活一辈子，如果不能够为自己想要什么而争取，似乎是可悲的。哪怕不离开自己的工作岗位，只是利用工作之余，去追求自己喜欢的事也未尝不可。《中国诗词大会》第三季的总冠军雷海为，是一名外卖小哥，他从事的是风里来雨里去的工作，但是这丝毫不影响他对梦想的追求。

所以，有着安稳工作却患得患失的朋友，其实是他们想要的太多。有一个女孩找我做职业生涯规划，她说："我不喜欢家乡慢节奏的生活，但我又不想在大城市过得太艰辛。"

人生有舍有得，害怕失败，则永远无法真正体会成功的喜悦；

拒绝艰辛，则无法感受到过上理想生活的那份欣慰。

当一个人做着自己喜欢的事的时候，就会全情投入，当一个人全情投入的时候，这个人是闪着光的，宇宙也会提供支持的能量。

我怀着二宝9个月的时候，还在讲微课，不但要备课、讲课，还要给40多个学员做一对一的点评；除此之外，我同时在摄影课程的单反班和后期班里学习，所交作业多次获得一周之星；本书的大部分书稿也是在孕期完成的，而同时我还会在微信公众平台写文章，偶尔接一些咨询。周末和每天晚上，依然有固定时间陪伴大宝。

有人说："鲍鲍，这样你会不会太辛苦？"

我自然会非常爱惜自己的身体，不会让自己太累。我会保证每天8个小时的睡眠，伏案写作的时间不会超过两个小时；给学员点评的时候，如果累了就中间歇一歇；因为喜欢，学习摄影，只会激发我更加享受当下，去发现生活的美。

之所以在孕期还能做这么多事，是因为这些事都是我热爱的。**当一个人做着自己热爱的事的时候，能量是充沛的。**

而回忆我从前的工作，那时的我不能够全然做自己。心中总是有不同的声音对话，一会儿一个声音往东，一会儿一个声音往西。当一个人内心总是有不同的声音在撕扯的时候，他什么都还没做，就已经很疲惫了，整个人都是低迷的，打不起精神，因为内在的消耗很严重。

大家都知道，我是一个幸福指数非常高的人，那是因为我一直倾听自己内心的声音，按照自己的意愿生活。

我不认为有车、有房这些标配的人生才是幸福，我自然也不受这些世俗的评价所累。所以，哪怕我是兄弟姐妹里唯一一个还没有房子的人，但是，这丝毫不影响我的幸福指数。

因为我的工作，不但能够让自己越来越开心，还能帮助那么多人走出苦海。有的学员说："鲍老师，我是在书店无意中买了你的《爱的觉醒》，从那以后这本书就一直放在我的床头，心情不好的时候，看一会儿你的书，就会雨过天晴。"

我的父母，虽然每每想起我在北京的高昂房租就觉得心疼，但是，当他们看到我生活得开心幸福，便也发自内心地替我高兴。父母终究是爱我们的，只要我们过得好，他们又怎会不送上祝福呢？

倘若他们的干涉远远超过了界限，带给我们痛苦，那我们为何还要屈从呢？

有一个学员跟我说："我经常趴在我男朋友怀里哭，我觉得我这30年的人生，就是不断努力地活成我妈期待的样子，我不知道自己为什么活着，我活得好辛苦。"

在学习完课程之后，她勇于向父母表达真实的想法，母亲也开始反思和让步。与其说来自父母的压力大，不如说我们还没有足够的勇气，为自己的人生争取和负责。

有些人，终其一生在活成父母期待的样子，或者活成世俗眼中成功的样子。但是这些人，内心始终有一种空落落的感觉。

有一个姐姐在知名企业做高管，从小到大都是大家羡慕的"别人家的孩子"。出生在北京的她，从小到大就读的都是名牌学校，并且还有海外名校的留学经历。可是她跟我聊完后，说："非常感谢你，你让我知道我内心的空虚，源于我并不知道自己想要什么，我一直是别人眼中羡慕的对象，我有着光鲜的工作，不菲的收入，但是我的幸福指数却很低，因为这一切并不是我内心向往的。"

幸福，不是靠世俗的标准衡量，因为最大的幸福，是活出自己理想的模样！

⑤ 平衡，是不可或缺的艺术

2018 年，电影《找到你》播出后引起了人们的热议。有些文章说，现在做母亲太难了，姚晨扮演的职业女性李捷，经济独立，但是孩子只能由保姆带，别人说她不配做母亲；做全职妈妈，为了家庭，放弃自己的事业，又可能出现电影里陶昕然饰演的朱敏的悲剧，在离婚的时候，几乎没有能力去争夺到孩子的抚养权。

其实很早以前我就思考，怎么样才能够既不放弃事业，又能陪伴孩子。的确，这很难，不过幸运的是，近些年，我们的社会涌现出了越来越多的自由职业，让妈妈们有更多选择的机会。

2014 年 8 月，也就是大女儿六个月的时候我选择辞职，也是为了能够充分支配自己的时间。那之前我就接触过很多家庭，孩子出现各种问题，其实是对父母的爱的呼唤，这些孩子往往物质优渥，但是父母因为忙于工作，给到的陪伴少得可怜。

很幸运，赶上自媒体时代。2014年我开始在公众平台写文章，逐渐有越来越多的朋友关注。2015年我开始讲微课，学员遍布全国各省市，还有一些学员在美国、加拿大、丹麦等地生活。

除了讲微课、写文章，我还会不断地给自己"充电"。属于我个人的时间还是很多的，每天回家之后，我都全心地陪伴在女儿身边。周末我可以和先生一起带着孩子玩，工作日我也会尽量抽出一天时间带女儿，而且因为时间自由，我坚持母乳喂养直到女儿2岁7个月。

那时候，我算是找到了一种平衡。

通过写文章、讲微课，我帮助到了很多人。偶尔开地面课程要临时租用场地，有些热心的学员就建议我们开设自己的工作室。为了与学员们有更深的交流与互动，在女儿两岁的时候，我们成立了地面工作室。

但是，工作室成立之后的运营状况并不乐观。

心理咨询和家庭教育这两个行业，都不算是刚需。一个人只有到了非常痛苦的时候，甚至走投无路的时候，才会主动找我们。

此外，由于我相对年轻，资历和影响力都不够，工作室成立以来业务量不理想，在北京要承受高昂的房租，经常是入不敷出。虽然工作室的运营要耗费我大量的心力，但是为了梦想我始终不愿意放弃，就这样，坚持了一年多，在最困难的时候，有学员注资帮助我们渡过难关，但工作室的运营始终不见起色。

当我和合作伙伴相继怀了二宝后，我们终于痛下决心关掉了地面工作室。虽然当时有不舍，有不甘，但是关掉地面工作室的这几个月，我才更能追随本心去生活。

这段经历，也让我更加深刻地体会到了，人生做加法容易，做减法的确难得多。

开设地面工作室的一年多时间里，我要讲课、备课、招生、写文章、接咨询、打理工作室、谈合作、跟合作伙伴磨课程。

而家里还有上幼儿园的孩子，身边没有老人帮忙照顾生活，我的工作时间只能压缩在早上把她送到幼儿园、下午接她放学之间。回到家，要洗衣做饭，陪她做游戏。一天下来马不停蹄，很多时候自己身心俱疲。

从无到有，更容易让人欣喜，从有到无，多少会觉得有些失落。但其实并不然。地面工作室关掉之后，我只做线上的业务，写文章和讲微课，孩子上幼儿园之后，有了大量的空闲时间。起初，会因为突然闲下来而不适应，甚至在心里谴责自己不够努力，浪费了时间。

但几个月过来，我越来越庆幸自己关掉工作室的决定。当我有足够的时间跟自己的心待在一起的时候，我写的文章开始得到更多的关注，朋友们都说文章更接地气了，我的微课也有更多的学员报名，大家反馈我的课越来越有温度。

是的，人的精力是有限的。当我为工作室忙碌，做了很多事务性工作的时候，我投入在写文章和讲课的时间必然会被压缩。

既想做着自己的事业，又不想错失对孩子的陪伴，那么只有不断地平衡自己在生命中的角色。

对于当初工作室的创立，我从未后悔。因为天南海北的朋友曾经来这里上课，我遇见了很多在命运面前的勇者，我们一起在心灵成长的路上前行。而这一年来，当与学员有了面对面相处的机会，让我更加了解他们的苦痛，也让有缘人跟我走得更近。

现在虽然我们没有了实体工作室，但是团队还在，团队的主要成员全部都是我在课程中的学员。她们在我的陪伴下唤醒自身的力量，我见证着她们的成长，她们也愿意去帮助更多的人。

之所以我会在26岁的时候选择辞职，其实内心是有着创业梦想和创业情怀的。刚辞职的时候，参加游金麟老师的易术心理剧的课程，我画了一幅画送给自己，并立志要把"阅微心理"做成应用心理学领域的"新东方"。

那时，我其实还抱有天真的幻想，以为创业就可以实现时间自由与财务自由。

但是这几年的跌跌撞撞，让我对创业有了新的认识与体会。

2016年10月，"春雨医生"创始人张锐猝然离世，王利芬老师发微博写道：

创业是什么？是走一条从来没有人走过的路，这条路上，找了方向找需求，找了需求做产品，做产品就得找钱，找了钱得继续找人，找了人不合适还得继续再找人，人找来了产品做出来了得花钱找客户，客户来少了要再找大量客户，然后又需要找更多的钱扩大规模，然后管理又跟不上了又需要找人，然后找人然后找钱，然后找客户。如此循环往复中，创始人要回答无数来自投资人、合伙人、监管者、家人等各路人等的与业务相关或者不相关的有聊和无聊的问题，回答到心力交瘁嗓子嘶哑不想说话。在所有的找人找钱找客户中，都是乙方，都在求人，甚至都要当孙子。

......

我问过一些女性创业者，她们中的大多数会说后悔自己创业了，因为公司给那么多人发工资，每个月都有这个压力。但是当把时间投入了工作，就注定会减少对孩子的陪伴。她们说，后悔的时候，已经没有退路了，对孩子的亏欠，似乎怎么弥补都不行。

李嘉诚曾说过：任何事业的成功都无法弥补教育子女的失败。

过去的两年，一直有朋友和学员在想办法帮我们推广，或者介绍更多的项目和资源让我们合作。但是我一直都刻意放慢创业的脚步，这样做虽然放弃了一些机会去扩大阅微心理的规模。但是我从不后悔，因为我深知，作为母亲我是分身乏术的。

虽然，我羡慕一个企业家的担当与责任感，但是我马上要成为两个孩子的母亲，本就从事家庭教育工作的我更清楚在孩子小时候，母亲的坚实陪伴，对她们一生而言是多么宝贵的财富。

在我的价值观里，两件事同等重要：一是，不间断地自我成长；二是，在孩子小的时候，作为母亲要给他们足够的陪伴。等他们到了学龄期，我会逐渐放手，去发挥我的榜样作用。

或许到时候，我没有勇气去重挑创业大旗，或许错过了最佳时

爷爷和奶奶是天上的天使，守护着他们的大孙女。

总有一天，我们天上见……

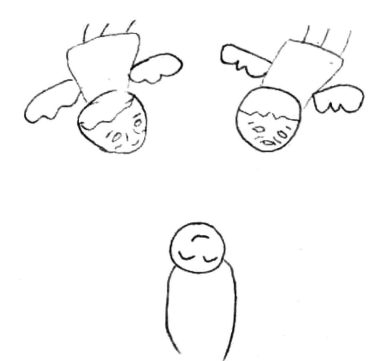

引　言

余光中先生在《乡愁》里写道：

后来啊

乡愁是一方矮矮的坟墓

我在外头

母亲在里头

越是随着年龄的增长，对家乡越是有着别样的怀念；越是随着岁月的推移，越是发现童年的经历给我们每个人的内心留下了不可磨灭的痕迹。

在很多人眼里，我是与众不同的，从来不会因为房价高得买不起而产生半点焦虑，从来不觉得一定得有多少积蓄才有勇气养育两个子女。

因为，在我的童年，虽然物质匮乏，但我却被浓浓的爱滋养长大。

爷爷奶奶那淳朴的爱，给我的生命上了

纯净的底色，我这一世都会珍惜每一段缘，对任何物质不起贪恋；

爸爸那无条件的爱，让我在 3～6 岁的俄狄浦斯期❶，感受到自己是他生命中的唯一，让我内心的力量感无比坚实；

继母那伟大的爱，影响着我宽以待人，接纳命运的安排，从不抱怨生活的苦难；

恩师们对我的爱和关怀，对于童年里自卑的我来说，如同一盏盏明灯，给了我穿越黑夜的力量，也让我在授课时，把这份人与人最真挚的爱，传递下去。

他们的陪伴，让我知道，这一世，唯有"爱"是我生命中最宝贵的财富！

---

❶ 俄狄浦斯期，即恋父恋母期。弗洛伊德认为恋父恋母期是幼儿从出生到 6 岁时，经过第三个阶段。第一个阶段是口欲期，第二个阶段是肛欲期。

01 我的奶奶

说起我生命中最重要的人，非奶奶莫属。

毕业之后的这些年，我搬家好多次，但每个月末我都会在家做大扫除，平日里也经常性地断舍离。但是，但凡与奶奶相关的物品，我始终珍藏着，我把这些东西从老家带到大学，从一个城市带到另一个城市，从不舍得丢弃。

其中有一个魔方，已经掉了很多漆，但那是我的至宝。

魔方是在我四岁的时候，父亲买给我玩的，它承载了我对奶奶的回忆和哀思。

小时候，我玩魔方，奶奶在旁边看着我，她会骄傲地说："我都拼不了那么快，小阅儿一会儿就拼好了。"

奶奶生病的日子里，躺在炕上行动不便的她，会用这个魔方消磨时光。她玩着魔方，我看着她。

这些与奶奶有关的物品，我虽然一直珍藏着，但是又很少去触碰它们。甚至在好多年的时光里，我故意不去想爷爷奶奶。因为一旦想起他们，那种无以为报的内疚，折磨得我痛不欲生。

其实这一章的文件夹我早就建好了，但迟迟没有动笔。那是因为我了解我自己，我知道我写奶奶和爷爷的时候根本无法控制自己的情绪。

不出所料，现在，眼泪肆意地流淌着……

高中时，大学里，很多个夜晚，儿时与爷爷奶奶在一起的画面，一幕幕地在脑海中浮现。我任由自己躺在床上，从深夜哭到凌晨，哭累了渐渐睡去，第二天醒来头痛欲裂。以至于此后的好多年，我都尽量不去回忆那些带给我无尽快乐和温暖的往事。

2016 年的一天，无意中，我看了《周总理的四个昼夜》这部电影，看完电影后，我感到胸口特别酸。刚好第二天，我跟督导老师约了个人体验。在老师的陪伴下，我发现胸口的那种酸，是因为对爷爷奶奶的思念一直深埋于心底。此后，连续几次我个人体验的主题，都与爷爷奶奶有关。

那段时间，跟自己深层内在的连接，让我明白——我对爷爷奶奶逝去这件事的悲伤，怎么藏也藏不住，怎么绕也绕不过去。胸口的酸，是有太多的泪没有流完。

这么多年，即便我不愿回忆，但我对失去爷爷奶奶的悲伤与遗憾，依旧在。

在督导老师的帮助下，我意识到，自己从主观上，去压抑对奶奶的思念，并不能减轻这些悲伤的感受。它们一直都在，并且，随着时间与沉淀，只会越来越沉重。我必须回到内在，从最深的潜意识里，看见它们，面对它们，释放它们……

之前我的胃始终不太好，从小并不爱吃油腻的东西。但有几年，我莫名地爱吃猪蹄。现在想来，那是我与奶奶产生联结的一种通道，我的心里一直有个声音在说："如果奶奶能够吃到该多好呀。"

知道奶奶爱吃猪蹄，是在她刚去世时。姑父去买祭品，姑姑说："买点猪蹄吧，我妈最爱吃猪蹄。"那时，我第一次知道奶奶爱吃猪蹄。这之前，我从未吃过猪蹄。

奶奶去世没多久，大爷和两个朋友一起喝酒，托我买了两个猪蹄。每个猪蹄切两半，三个人分完刚好给我一半。那一刻，我刚好住在奶奶生前住的房间。我尝了一口猪蹄，就痛哭不止。那时的我，多希望可以用自己攒的钱，买上奶奶爱吃的东西给她吃。内心的遗憾与悲伤，令我至今难忘。

小时候，有一次奶奶带我去买鞋，买完之后奶奶把找回的80多元钱放在了新鞋里。但是为了我能多穿一段时间，奶奶又决定回去换一个大号的。换过鞋之后奶奶带我去买下一件东西需要付钱时，才突然想起来放在那双鞋里的钱没有拿出来。

奶奶再回去找的时候，怎么也找不到那80多元钱。钱丢了，我们什么也买不了了，于是只能回家。回家的路上，我能够感觉到奶奶对自己犯的错误深深自责，那时候爷爷一个月的退休金只有150元，我们丢了爷爷半个月的工资。

但是我清楚地记得，路过卖冰棍的小车的时候，奶奶还是主动问我："阅儿，你想吃冰棍吗？奶奶兜里还有两块钱，奶奶给你买。"

我怎么忍心吃呢？看着奶奶沮丧的面庞，我多么心疼呀。我想不起来当时的念头了，只是后来自己挣钱了，回想起这件事，我多希望奶奶还在，我挣的钱都可以给奶奶。

小时候家里买不起水果，偶尔有亲戚来看望爷爷奶奶，带一些水果，奶奶也是紧着我吃。我也舍不得吃，每次自己吃之前会让爷爷奶奶先咬一口，奶奶总是咬很小的一口，她总是希望我多吃。

去世的前一年，奶奶在入秋前买了很多青色的西红柿，那时东北的天气已经转凉，放在门洞里就可以保鲜。隔三岔五，奶奶就做一个西红柿炒鸡蛋给我当早饭，即便我只吃一点点，希望剩下的她和爷爷吃完，而她和爷爷却一口也舍不得吃，第二天早上仍旧留给我吃。我还听奶奶说："今年的西红柿，我大孙女吃到了 11 月份，明年我还这么储存。"可惜第二年的六月，奶奶永远地离开了我。

小时候，奶奶每年都会养几只鸡，到了冬天卖掉，只留一两只，过年时全家人吃。我的生日在二月廿八，有一次为了我生日的时候能吃到鸡腿，奶奶就把鸡腿留到了那天——阳历已经四月份，即便是黑龙江，气温也回暖了。爷爷去储物间找到鸡腿，闻到了发霉的味道，我能够感受到爷爷奶奶的那份遗憾与心疼……

我有太多的话想对奶奶说：

奶奶，你知道你什么好吃的都舍不得吃，这让我有多难

受，多恨我自己。

十八年了，每每第一次吃到新美食，我多希望你也能吃到呀！每一次去给你和爷爷扫墓，我会买好多好多纸钱、金元宝，但这些又有什么用呢，我多希望你们生前可以对自己好一点。

你走的时候，没有闭眼，所有人都知道你放心不下我。

你走的一个月之后，我在电视上看到一期节目，一个专家说胰腺癌患者是被支持安乐死的，因为这是所有癌症中最疼的一种。

听到这里，我当时崩溃得号啕大哭。

生前你几乎不喊疼，直到生命的最后几天，你疼得忍不住发出声。当时孙女不懂事，理解不了你的痛苦。如果知道了你那么疼，纵然有千般不舍，万般心疼，我都希望你可以早点解脱。因为我知道，你苦苦支撑自己的病体，就是觉得，你多活一天，我就多享一天的福。

奶奶，你知道吗？你大孙女过得很好，因为你从小在她心里种下了爱的种子。虽然你离开了，继母、爸爸、老师、同学、爱人、公公、婆婆，好多好多人都很爱我。

我经常会想，我小时候考100分你都那么骄傲，如果你看到了孙女今天出版了自己的书，有了自己的工作室，可以帮助那么多的人，你该会多么自豪。

你走后的第五年，在爷爷的葬礼上，我见到了生活在牡丹江的大爷——爷爷的侄子。你们年轻时曾生活在一起，又因为爷爷与大爷他们叔侄年龄相仿，你们有着非常浓厚的情谊。

奶奶，你和爷爷当年去牡丹江的大爷家，只住了一个星期，这也是生前你与爷爷最后一次与侄子侄媳团聚。高考结束的时候我第一次去牡丹江，才得知当年他们特别舍不得你和爷爷回来，他们特别渴望你们多留些时日。我当然知道其实你也特别舍不得离开，无奈心中放心不下我。

从大爷那里我了解到，你年轻的时候为了节省生活开支，吃了太多苦。为了省钱，你会去捡煤核。煤核要趁热捡出来，以至于你手上被烫的全是疤，十指鲜血横流。

再回顾你这一生的经历，你出生于1935年，那时候中国正处在抗日时期。3岁的时候你的生母就过世了，你那么好学，继母却不允许你继续读书，初小毕业就开始工作了。结婚之后养育了五个孩子，你这一生是多么不容易！

晚年的时候，父亲、姑姑他们先后下岗，没有人有能力让你安享晚年。你还要像妈妈一样照顾我，几乎把晚年所有的爱都给了我。我多希望你可以等到我长大，让我有机会对你的爱有所报答。

你无意中说过，自己年轻的时候就特别希望有一块劳力士的机械手表，你说的时候，我就在心里发誓，长大了一定要买给你。

你检查出癌症晚期的时候，全家人都瞒着你。你躺在炕上说："一、二、三、四、五、六、七，我大孙女还有七年考上大学，我能等到那一天吗？"我笑着说："肯定没问题呀。"

第二天上学的路上我忍不住流泪，那个时候多希望出现奇迹呀，多希望你能等到我考上大学这一天，多希望你还健在，可以在大孙女身边安度晚年。

大学的时候我就可以自己赚钱了，每次回家都给街坊邻居带特产，邵奶奶、吴奶奶、赵奶奶……一个也不落。邵奶奶是最长寿的，我每次去看她都聊很久很久，她会历数我小时候的趣事，我跟她聊天就好像跟你聊天一样。现在她们也都离开了……

多希望有来生，我们还做亲人，希望我做你的母亲，抚养你成人，用你曾经爱我的方式爱着你。我不希望自己走得太早，我要看着你长大成人，看着你结婚生子。这样我的离开，不会给你留下遗憾，因为这遗憾，太痛太痛。

02 我的爷爷

如果现在问我，觉得人生中最痛苦的是什么事？我一定会说，是在我高二的时候，爷爷的溘然离世。

生母离开后，我一直跟爷爷奶奶住在一起，可以说我跟爷爷奶奶，就是相依为命的状态。没有他们就没有了我幸福的童年。而将我抚养长大，也是他们晚年最大的心愿。

爷爷奶奶的五个子女全是下岗职工，人到中年另谋生路，他们的日子一个比一个过得拮据。奶奶检查出得了癌症，离世前的200多天里异常难熬，但却没住过一天医院，因为家里太穷了，真的治不起。虽然，从奶奶患病到她离世，我哭过无数次，但是在生活和学习上我没有丝毫松懈。因为爷爷还在，他还可以看到他的大孙女考上大学的那一天。

可是，在我17岁生日的第二天，爷爷

溘然离世。他去世的三天前，因吐血住进医院，被确诊为肝硬化晚期。

高中住校期间，为了不浪费时间在路上，我有时候半个月回家一次，有时候三个星期回家一次。每次回去都会用自己省吃俭用的生活费给爷爷买一些吃的。爷爷会吼我："买那些干啥呢，你这个孩子怎么这么不听话呢？"

我知道爷爷是心疼我，他知道我的生活费也不多。我也心疼爷爷，因为他总是省吃俭用。我又怕当面给他，他会生气。于是，每次走之前托付妹妹转交给爷爷。因为钱不多买的很有限，就对她说："等以后姐姐挣钱了，多给你买，爷爷岁数大了，现在买的就不给你了。"妹妹当时虽然才八九岁，但是特别懂事，虽然她也喜欢吃，但她却说："没事，姐，我都给爷爷送去了，我不爱吃。"

整理爷爷遗物的时候，我发现三个星期之前给他买的枣他还没吃。当时那个卖枣的老爷爷花白头发，身体健朗。我买枣的时候，心里就暗暗祈祷，希望我的爷爷也能如此健康。

爷爷走得这么匆忙，很重要的原因是他舍不得花钱，不愿意去医院检查（备注：发现时就是晚期了，根本没有机会治疗），他希望攒钱供我上大学。爷爷特别崇拜毛主席，我想着等我考上大学，一定要带爷爷到北京，去看天安门，参观毛主席纪念堂。可惜他没等到这一天，留给我无尽的遗憾。

爷爷离开了，我的世界更加黯淡了。我从小到大那么努力地学习，不就是为了有一天可以出人头地，可以回报爷爷奶奶的养育之恩吗？为什么上天不能给我这个机会呢？

很长一段时间我常以泪洗面，一边哭一边做题，有时候哭得头疼欲裂，只能吃止痛药抑制。

直到现在，我都不知道，是什么支撑我走过那段几近令我窒息的岁月。是为了父母，还是我自己，还是相信爷爷奶奶可以在天堂看着我的成长呢？

爷爷去世后，我害怕自己触物伤情，很长时间不敢回家。爷爷在世时，因为年岁大了，步子比较沉，他每次来我家的时候，我们都是先听到他的脚步声，再见到他的人。他去世后，每次回家我都会产生幻听。我一个人的时候，总是感觉有爷爷的脚步声，打开门空空如也，然后趴在炕上号啕大哭。

回想起高中时让我感到最快乐的事，莫过于在爷爷的70大寿时，用自己给学弟学妹补课赚的钱给爷爷买了新衣服，穿在了爷爷的身上。爷爷把堂哥买回来的新裤子新鞋子也穿上了，爷爷穿着我们兄妹俩买的衣服非常开心。我心里想着以后爷爷每年过生日，我都要给爷爷买新衣服。

可惜，再也没有机会。

从高一开始，我就在寒暑假和周六日抽时间给学弟学妹补习功课，赚取微薄的费用。当时我一个好友说："鲍阅，我觉得你本末倒置，你现在的主要任务是完成学业，有时间把自己的成绩提升，而不是去赚钱。"

现在回想起来，我依然不后悔自己当初的选择。因为奶奶的离世，已经让我体会到了"子欲养而亲不待"的痛苦。奶奶离世后，我心里一直隐隐地害怕，隐隐地担忧，我害怕爷爷等不了太久。

虽然奶奶离世以后，我和继母爸爸住在了一起，与爷爷家有了一小段距离。但是，只要有机会，我就会给爷爷洗衣服，给爷爷买吃的，爷爷生病了带爷爷去医院。我上了高中之后，虽然两三个星期才回家一次，但每次回来最开心的就是看望爷爷。跟爷爷聊聊学习上的近况，有时候就什么也不干，也不说话，只是跟爷爷静静地待在一起，每每回忆起当时的场景，就觉得那时光好幸福。

高二的时候，我担任班级的团支书，我们年级要求每个班级轮流办校报。我们班级的校报主编写的是我的名字，我拿回去给爷爷看，但并没有把这个当回事。后来发现爷爷竟然将他孙女主编的那期报纸，像宝贝一样珍藏。

后来，我的第一本书《爱的觉醒》出版了，我就想，爷爷要是看到了这一天，一定会乐得合不拢嘴的。

爷爷奶奶在世的时候，家里很穷，为了补贴家用，爷爷退休后还做了值夜班的工作。有时候下班路上捡一些烂水果，削掉坏掉的部分，我们一起吃，那是我此生吃过的最甜的水果。

跟爷爷奶奶一起的生活，虽然清贫，但那份至纯的爱，给我的生命上了温暖的底色。或许是年幼时经历了这么痛苦的生离死别，如今的我对物质看得极淡。

人世间最可贵的是那毫无保留的至纯的爱。对爷爷奶奶的思念，此生相伴。思念他们的那种痛，也一直伴随我。

有一天我的好友对我说，每个生命都来自于大海，死亡的时候就好似归复于大海。所有离世的亲人都从未离开过我们，只是以另外的一种形式存在。

那一刻，我在某种程度上得以释怀……

我的家在东北黑龙江，冬天自然是极冷的。儿时有一种冰糕叫"雪人"，父亲买回几个，藏到院子里的雪堆里，告诉我找到了才能吃。现在想想，在雪堆里找"雪人"那份童趣，点亮了我的整个童年。生活中，我会时不时地调皮搞怪，给家人制造点"麻烦"，自己乐在其中。

　　记忆中父亲的工作经常倒班，三天两头地带我去野外玩，不是去附近的南河，就是去很远的先锋水库。

　　我们在野外一待就是一天，我可以那么无忧无虑地亲近大自然。有时候我静静地躺在河边，衣服湿了大半截，从水里出来没一会儿工夫太阳就可以把我和衣服晒干。

　　在我印象中，父亲是心灵手巧的，会变着花样给我惊喜。

　　夏天吃完的桃核，父亲会用锉刀把其锉成小篮子。父亲会编各种极为押韵的顺口溜："鲍阅出门口，捡了个大筐篓，筐篓里面啥都有，香蕉苹果大罐头，还有一个小木偶……"我不知道自己写文章时尾字押韵信手拈来，是不是与从小念着父亲编的顺口溜有关。

　　那时，父亲在我心中是很厉害、很伟岸的。

　　每次出去玩，如果我们带的水喝完了，在野外无处可买。父亲就去白菜地里掰点白菜心给我解渴；下雨天我们没带伞，父亲会脱下他的衬衫，把我裹严，自己光着膀子在雨里骑车带我回家。我说："爸爸，你冷吗？"爸爸笑着说："不冷。"有时父亲带我去了远地儿，我中途睡着了，父亲就把我先抱回家，再步行回去骑自行车，这一往一返，在路上就得一两个小时。

　　我和父亲的感情自然是极好的。舍不得父亲上班，我就送他，送他到胡同口，再往前就是过机动车的大马路了，我跟父亲心照不宣，送到这里我自己回家。每每这时，父亲都像轰小鸡一样把我轰走。一边用手搡，一边说："ou shi，ou shi。"我只好依依不舍地回家。

父亲是军工企业的工人。我出生以后，企业的效益每况愈下，家里经济捉襟见肘。即便父亲手里的钱很少很少，每次带我出去，他都会尽量满足我的愿望。

记得有一次，到了街上看到充气蹦蹦床，我知道父亲手里只有两块钱，可是即便我拒绝，父亲为了让我玩，还是花掉了这仅有的两块钱。记忆中很少有愿望不被满足的时候。

有时，我是极其任性的。蜻蜓有不同的种类，翅膀上有花纹的叫"花翅膀"，尾巴红红的叫"红辣椒"，这两种蜻蜓比较不常见，遇到一只既是"花翅膀"又是"红辣椒"的就更难得了。

有一次正值中午，太阳高照。我非要父亲帮我捉到既是花翅膀又是红辣椒的蜻蜓。父亲很无奈，好不容易看到一只也很快飞走了。其实当时我知道捉起来很难，这个要求对父亲来讲也很为难。

至今仍清楚记得父亲那个无助的表情，没有丝毫对我的埋怨。

如今我做了母亲，女儿提出无理要求的时候，我会忍不住发脾气，甚至大发雷霆。想想父亲当年既当爹又当妈的那份耐心又是从哪儿来的呢？

后来我长大了，父亲下岗了。习惯了国企生活的他，并没有更多的生存技能，各处打零工。因为缺乏眼力见，缺乏干活技巧，工作中屡屡碰壁，又要供养我和妹妹，家里十分拮据。

父亲越来越自卑，我却越来越强势。

家里很多亲戚对父亲不能养家表示不满，耳濡目染的我也开始对父亲的不担当有了些许抱怨。

心理上和父亲的距离越来越远，父亲伟岸的形象早已不见，更多的感觉是他缺乏担当、懒惰、笨拙。

记得高中的时候，我告诉父亲要开家长会。他说让你妈去吧，我怕去了学校给你丢人。

现在回想起来，父亲当时的心情是多么的低沉呀。

后来我如愿考上了大学，又见到了父亲久违的笑容。他逢人就说"鲍阅估了多少分，考了多少分，估的分和实际分数就差三分"。

很多年里，我跟父亲没了那么多话，更没了小时候的亲密无间。曾经我为此痛苦过，痛苦不能回到从前。后来我发现，即便没有那么多共同语言，没有那么亲密无间，但是父亲的爱，还是深深地扎根在心底。

我是一个习惯报喜不报忧的人，在外受了苦、生了病家里并不知道。唯独有两次父亲知道了，一次是读大二时头疼。父亲反复地打电话追问："好了吗？怎么样了？吃什么药了？"

一次是女儿两岁多时，当时我已有婆婆和老公在身边照顾。父亲在电话里得知我咳嗽，在此后的半个多月时间里，给我打了很多次电话。直到有一次他打电话给我的时候，我正在上课，小声答复他后，告诉他"好了，不用惦记了"，他才没有再打电话。

但是我知道，他是怕再打扰到我讲课，不是真的不惦记了。

父亲是不会直接表达他对我的想念的。但是，他会时不时地让妹妹用微信跟我视频。妹妹会说："姐，老爸想你了。"

很多朋友都羡慕我那与生俱来的力量感，原来我也不清晰，为什么自己内心总是有一份深深的自信。这些年我越来越确信，我那力量感一方面来自奶奶那句"你是奶奶最棒的大孙女"，另一方面就是爸爸对我那无条件的爱。

在我的俄狄浦斯期，我是爸爸生命中的唯一，这坚实的力量感会支持我一生一世。我想说："爸爸，如果有来世，我还做你的女儿。"虽然你不能养家，也拙于做家务，但是，这丝毫不影响你在我心中，是世界上最好的爸爸。

还想重回到儿时，我们从外面回到家，抢着洗手，抢着用肥皂，你用你的大手，包裹着我的小手，搓出许多泡泡。再一起去抢毛巾，看谁先把手擦干……

还想重回儿时，我送你上班，你像轰小鸡一样轰我回家，一边用手赶我，嘴上一边说着："ou shi，ou shi……"

04 我的继母

从继母嫁进家门的那天起，我就叫她妈妈，在这里，我更愿意称呼她为母亲。

我结婚的时候，在老家黑龙江举办了答谢宴，宴席上我表达了对爷爷、奶奶、老师、家长、同学以及所有亲人的感谢。

最后我特别感谢了一个人，这个人就是我的母亲。

虽然，我们没有血缘关系，但是，我与她的感情胜似母女关系。她为了供养我和妹妹，十几年如一日，勤勤恳恳，任劳任怨。她在面食店工作，每天四点半就要起床，尤其在冬天，出门的时候天都没有亮。而且除了过年是从年三十到初五放假，其他的时间全年无休。母亲为了撑起这个家，就这样一年三百六十天都在上班。

说到这里，我自然是哽咽着的，台下坐

着的来宾，很多人都被感动……

母亲对我的性格有很大影响，可以说除了奶奶，她是对我影响最大的一位女性。

说来，缘分也是非常奇妙的。父亲和生母离婚之后，他已下定决心不再结婚。虽然在生母离开的三年里，我不能体会离婚对于爸爸有怎样的意义。但是，从小心思细腻的我，却能从奶奶的举动里洞察到，爸爸能否再婚，是奶奶的一块心病。

我清楚地记得，继母嫁进来之后，奶奶拿着好多条做给爸爸的薄厚不等的棉裤对她说："这辈子最大的担心就是他不能再娶。"而促成这桩婚事，我的确功不可没。

自从生母离开后，只要奶奶提起给父亲介绍对象的事，父亲就急，说这辈子就这么过了，抱着我就往外走！面对父亲的坚决，奶奶也很无奈。

记得我6岁那一年，有一位姓万的奶奶来到家里。目的是要给爸爸介绍对象。此人一走，奶奶顿显愁容。机灵的我，自然明白是怎么回事，就对奶奶说："奶奶你别着急，一会爸爸回来了，我帮你跟爸爸说。"

那些年，父亲真的把我视为掌上明珠，一到家就抱起我。当天爸爸下班抱起我的时候，我就撒娇央求说："爸爸，我跟你商量件事呗。"

爸爸说："啥事？"

我说："今天奶奶跟你说件事，你不许跟她急。"

爸爸说："好。"

就这样奶奶把介绍对象的事说了，父亲和母亲见了几次就结合了，双方都是看重对方的老实本分。如今父亲和母亲已经走过二十四个年头，我想这就是缘分吧！

借此机会，我想感谢母亲这一家人。

姥姥是一位特别宽容的女性。母亲嫁给爸爸多年，受了太多委屈。她虽然心疼女儿，可是未曾流露过任何不满。在我奶奶刚去世的日子里，姥姥看见我就落泪，她将省吃俭用的钱给我零花。

大舅跟我的交流不多，但是很多温情，我都铭记于心。有一年姥姥过生日，他把买啤酒找回的钱偷偷放到我的书包里。在我上大学临走的前一天，他工作忙脱不开身，但他还是挤出一点时间到我家为我送行，跑得大汗淋漓。

二舅一家非常友善。二舅妈记得我爱吃什么、不爱吃什么，他家的弟弟和我同在大连上学，每逢假日，二舅舅和二舅妈都邀我和弟弟一起去他们家里做客。我女儿出生后，看到我在朋友圈发的视频里女儿说爱吃虾，后来每年二舅妈都让表弟带虾给我们。

小舅一家经济条件稍好，为整个大家庭做的贡献最多，除了赡养姥姥还常年帮助我们，给爸爸创造机会工作，经常在物质上给我们全家提供帮助，每次去他家，小舅妈都忙完忙后地做各种好吃的。

大姨也一直很疼我。爷爷去世的时候，我悲痛欲绝，大姨一直守在我身边安慰我，让我的心得以宽恕。我出嫁的时候，她陪同母亲一起去安徽婆家为我送亲。

总之，这个家庭给我无限温暖，从未因我不是母亲亲生而有过丝毫慢待，反而常常高看一眼。听人说，母亲刚过门的时候，每次回娘家，姥姥都嘱咐说："阅儿亲妈不在身边，你别委屈了阅儿。"

母亲的确是这么做的，有些时候，她宁可委屈了妹妹（母亲嫁给爸爸后，生了妹妹），都不愿意委屈我。

最难忘的，是我读中学的时候，那时妹妹正在上幼儿园，一天中午放学回家，母亲生病没能做饭。她从兜里找出一元三角钱，毫不犹豫地把一元钱给我，让我买个面包，三角钱给妹妹，让妹妹买根火腿肠。

高考前，母亲怕我有压力，常常给我打电话，安慰我，说考不上本科上专科也行，给我举专科毕业也找到好工作的例子；高考前一天她随手翻书，看到书上写吃猪肝好，结果第二天下班就在饭店给我买了炒猪肝回来。那之前，因为家里条件拮据，是从来舍不得在饭店买菜回来的。她说怕自己总也不做，做的不好吃。

报考志愿的时候，她一遍一遍地翻看招生简章，比我花的心思还多。爸爸眼里一直没有活儿，母亲累了也难免与之争吵，有时，也会提起要跟爸爸离婚。但是在我临上大学之前，母亲对我说："鲍阅，你安心读书，就算我真的和你爸爸离婚了，我也供你把大学读完。"

如今，我也为人母，每每想起这些事，内心都感激母亲那深沉的爱，她为了不让我受委屈，宁可委屈自己的亲生孩子；即便她自己省吃俭用，却愿意把最好的给我；哪怕在婚姻中备受委屈，也会顾及我的感受给我吃下一颗定心丸，我们的关系虽不是亲生母女，却胜似亲生母女。

母亲个子不高，才一米五，但是就是这样一个弱女子，用她的坚韧与担当撑起了这个家！用她的包容与善良给了我完整的母爱！

上大学之初，她特意学习如何发短信，有空就给我发信息。其实，更多的爱在无言中！

除此之外，母亲身上还有很多优秀的品质。

母亲非常孝敬老人。

最让我感激的是她对我爷爷、奶奶的爱。奶奶病重期间，母亲只要在家都会用心给奶奶做饭，对病人来说，能吃下一些可口的饭菜，才能有力量与疾病抗争。爷爷在世时，只要家里做点好吃的，母亲也一定会让我和妹妹把爷爷叫来一起享用。爷爷爱吃韭菜盒子，即便母亲不吃韭菜，但她也经常做了给爷爷吃。

母亲非常顾全大局。

爸爸是亲戚中挣钱最少的，但唯独我们家里有两个孩子，我也是唯一一个读大学的，毫无疑问我家是花销最大的。可是，每当亲戚家办事需要随分子，母亲都会安排得妥妥帖帖，考虑得周到全面，不会有任何失礼。

爷爷离世之后，每年春节，她依旧精心准备一桌饭菜叫姑姑、姑父、大爷、大娘来家里吃。有一次，姑姑家的表哥对母亲说："感谢舅妈，在我姥姥、姥爷去世这些年之后，每年还能让我妈的姐妹们有娘家可回。"听了这话，我才理解了那顿饭的意义。

母亲总能设身处地地为别人考虑。

母亲遇到事情总喜欢把人往好处想，从来听不到她在背后说谁不好。做事的时候，她永远是先替别人考虑，最后才想到自己。

如今母亲都快六十岁了，每每想到大冬天，她凌晨四点多起床，在冰天雪地里深一脚浅一脚地去上班，我就心疼不已。我已经结婚多年，妹妹也即将嫁人，而且父亲、母亲都已领上了退休金，我们都劝她不要再工作了。

但是，因为那个面食店新换了老板，老板是她的好朋友刘姨。母亲觉得如果自己离开的话，很多东西其他人不会弄，这样刘姨他们就不容易赚到钱了。她就是这样一个处处为他人着想的人。

她用她的包容教会我做母亲，用她的孝顺教会我做女儿。"母亲，您放心，我也会好好爱你。生母给了我生命，你教会了我做人！"

记得有一次，我打电话回家，大概傍晚六七点的样子，听妹妹说母亲已经睡着了，我当时就哽咽地哭了，我说："不行，不让妈妈上班了，这得多累呀，这么早就睡了。"母亲听到了我的哭声，拿起电话像哄小孩一样哄我说："阅儿，别哭，我没事，我就是昨天晚上睡晚了，不累。"

现在每次回老家，我跟母亲都有说不完的话，因为她第二天起床太早，我又不忍心跟她聊天聊到太晚。

事实上，人与人的情感，更多来自朝夕相处的陪伴。我觉得自己人生最大的幸运，是遇到这样一位伟大善良的母亲。

附：

此外，我与继父相处得也很好。

大学的寒暑假，我基本上都会去山东，跟妈妈和继父生活在一起，继父会把水果洗好剥好放在我的床头让我随时可以吃到；得知我只身一人离开大连来北京闯荡，继父当时没有钱，从别人那里借钱打给我，告诉我说："穷家富路，我跟你妈妈互相能够照应，你一个孩子在外面打拼不容易。"

得知我怀孕，他买了大小不等的虾，装在一个个瓶子里，再用冰块冻起来给我寄快递；此后在孕期不断地寄腊肠、香肠等各种美食；暖宝去山东的时候，继父为了哄暖宝开心，跟着孩子满地爬着玩"捉乌龟"的游戏。我带着孩子回家，他曾一次买了十二种水果回家，因为不确定孩子爱吃什么。

可以说，我们的关系也远远超出了血缘亲情。

很多单亲家庭的孩子，拒绝自己的继父、继母，殊不知往往因为我们关了自己的心门，而拒绝了一段缘分。父母的婚姻走到尽头，那是他们之间的选择。只要我们做子女的，以敞开的心态与他们相处，多一个爸爸、妈妈，多一个爱我们的家庭，有什么不好呢？

05 我的贵人

生命中有许多的贵人，尤其亲缘中的几位贵人对我的成长影响很深。

我的伯父们

这里写的伯父是爷爷的同父异母的长兄的儿子。曾祖父的结发妻子只养育了一个儿子就辞世了，许多年后曾祖父才续弦，而此时曾祖父的长子也已经成年娶亲。包括爷爷在内的几个续曾祖母所养育的孩子，与他们同父异母的兄长的孩子年龄相仿，所以虽是叔侄辈分，却是同龄，他们一起走过苦难的日子，感情特别深厚。

大伯父今年已经90岁高龄了。记得1999年我奶奶病重期间，大伯父去过我们家里一次，后来的很多年里我们没再见面。但是，那些年里大伯父始终惦记着我。我读大学的时候，他想方设法要我的银行卡号，给我汇钱。暖宝出生后，大伯父给我手写了一封很长的信，那个时候他已经 84 岁。

大伯父生活在东北林场，五个儿女中有两个先天聋哑，一个小儿麻痹，至今还有一个儿子未婚。大伯母过世得早，那三十几年大伯父既当爹又当妈地照顾有病的子女，生活无比艰难。这样一位经历着辛酸和艰难的老人，却始终记挂着我，让我十分感念。他在生活苦难面前不屈不挠的精神，也使我备受鼓舞！

他多次被评选为劳动模范，也曾被多家媒体报道。

原本他是被帮扶的对象，他却乐此不疲地去帮助邻里乡亲。他不但种花种草，而且兴致来了还会写几首小诗，他永远用乐观的精神去面对生活的苦难，他的精神感染了无数人。

暖宝两岁的时候，我带着她去看望过大伯父。现在逢年过节给他打电话，他也能听得很清楚，对答也很正常，思维清晰。家里有一位这样的老人健在，我深感有福气。等甜心稍微大一点儿，还会带她去看望他老人家。

从大伯父身上，我悟到，人生没有过不去的火焰山，只要拥有乐观的精神，多难的日子也可以过得有滋有味。

这些年，和我联系比较紧密的是三伯父。

高考结束后我去牡丹江，当时就住在三伯父家里，《爱的觉醒》的序言里提到的"给我触动的小女孩"就是他的孙女。他不但教子有方，更教我如何做人。他和三伯母在诸多亲人里算是经济条件相对不错的，多年里一直接济着条件较差的亲戚们。

爷爷葬礼上是我第一次见到三伯父，之后的十几年里他一直关注着我的成长。我读大学的时候，三伯父始终惦记着我的身体。苦口婆心地叮嘱我有困难一定告诉他，真心实意地希望帮助我渡过难关。

那次去牡丹江，在离别的前一天，三伯父带我散步时对我讲："比起相貌，更重要的是一个人的气质。李咏长得不怎么样，但是观众都喜欢他，因为他的内涵和修养。"

"做人呀，不能忘本。我现在不愁吃不愁穿，别人请我吃山珍海味我都不在乎，可是60年代初，挨饿那三年，你二大娘的母亲给我个大鹅蛋，我记了一辈子，老人去世的棺木就是我置办的。阅儿，你以后遇到困难就说，作为大爷，这都是责无旁贷的事。众人拾柴火焰高，大伙帮一个好帮。我也从穷的时候过来的，有时候你碰到了坎儿，自己撑不一定能过去，一定告诉大爷。"

我始终记得伯父的谆谆教诲，伯父们不仅在物质上给我帮助，而且在精神上给予我的影响更是无穷的。

我的小姨和小姨父

生命中最大的贵人，非小姨莫属了。

我的妈妈有两个妹妹、一个弟弟。小姨是我妈妈的第二个妹妹，在我3岁的时候，小姨就离开了老家去了山东，在那里定居。

不知道是什么缘分，我跟小姨一直莫名地亲近。小时候我就经常对姥姥说："我最喜欢小姨，然后才是妈妈。"小姨一直以我为骄傲,别人一夸奖我,她就沾沾自喜地说:"鲍阅她是像我,是我给她采生的。"

我国北方有一种"采生"的说法,据说,刚出生的孩子第一眼看见谁,长大后就会像谁,特别是老人们更是坚信不疑。而我出生后第一眼见到的亲人,就是小姨。

小姨因结婚去山东定居之后,再次与我见面时我已经14岁了。虽然我们两个将近十年没见了,但是没有丝毫的生分。我之前在老家生病,小姨恨不得一天打几遍电话,询问我的身体状况。

此后每次去山东看望妈妈,小姨担心我妈妈那里条件艰苦,怕我感冒,都让我住在她家。平日里她和小姨父的生活很节俭,但是每次我去了,他们都做好吃的给我吃。我天生身体素质差,每次去,小姨还会带我看中医,调理身体。小姨还给我买很多营养品,即便她自己很节俭,但只要对我身体有利,花多少钱她都不犹豫。

大学四年,一遇到寒流或时逢节气,小姨就像是天气预报一样及时提醒我,怕我着凉,怕我生病。小姨心细,又格外疼我,不知不觉地,起初是我撒娇地称呼她为"姨妈妈",后来就习惯地叫她"姨妈"。

那个时候的我不懂事,贪婪地享受着来自小姨的"母爱",却不知道因为我的存在,小姨的亲生女儿、我的表妹感到被忽视,偷偷地哭泣过好多次。

小姨父总是背着我劝表妹:你姐姐家里生活条件差,上学又吃了不少苦,不像你一直有我和你妈妈悉心呵护,你要体谅姐姐。表妹一直特别懂事,反倒是我这个当姐姐的自愧不如,没能及时体会她的感受，让她受了很多委屈。

表妹和小姨父一样，性情大度和包容，不与我计较。后来说起这个事，我向表妹道歉的时候，她还劝我，说只是因为当时她小，让我不要内疚。

当年我辞职，想考心理咨询师，可是刚工作不久，还没有积蓄，是小姨和小姨父在经济上支持我。

我在微信公众号上开播线上课程，小姨从第一期听到现在，每次课她都认真地记笔记。如今她已经踏上了家庭教育之路，可以帮助有迷茫和困惑的家庭。每当这个时候，她都特别自豪地说："哼，我可是鲍阅老师的得意弟子。"

2016 年我决定开地面工作室，需要不菲的房租，小姨父和小姨又义无反顾地在经济上支持我。可以说，我每一个梦想的实现，都离不开小姨和小姨父的大力支持。

有时候我感激地不知道说什么好，小姨反过来安慰我："你看你这个孩子多么不容易，大多数孩子像你这个年纪都有父母的帮衬，你们小两口养两个孩子，都是靠自己打拼。我跟你姨父现在有这个能力，帮助你，我们也很开心。"

除了对我的帮助，小姨父和姨妈还是全家人的黏合剂。

无论是我的妈妈、舅舅或者别的亲人遇到困难，小姨和小姨父都永远无条件地提供帮助。他们总是在别人困难的时候，做一些雪中送炭的事，而且不图回报。

小姨一直没有固定工作，家里主要依靠小姨父一个人的收入支撑着，而他们又给一大家子人提供帮助，所以其实很多年里，他们的日子都过得特别拮据。但是小姨总是特别知足，她总是去欣赏小姨父身上的闪光点，用她的智慧把拮据的日子过得有声有色。

　　小姨不仅给了我母爱，还用行动教会我做一个善良的人、感恩的人、智慧的人。

06 我的恩师

　　奶奶离世后，我经历了青春期的叛逆。那个时候，我渴望爱，但不会表达，父亲和母亲更是忙于生计，无力顾及我的心理，我的心是那样孤独。

　　我的初中班主任安老师就像母亲那样聆听我的心声。每次去她家，我一待就是一下午，老师总是不厌其烦地陪我聊天，让我孤独的心有了停靠的港湾。老师像母亲一样给我那种爱的滋养，这绝不是奉承，而是我的心里话。

　　在学习上，安老师也给了我很多帮助。每逢寒暑假，总有同学希望提前学习下学期的功课，于是老师会办补习班。如果我不去，老师就会给我打电话，让我免费去参加。母亲不愿意欠老师太多的人情，让我带去补习费，但是安老师也会退回来。

老师的爱是那样的淳朴。

我至今还记得，有一年的中秋节，母亲买了水果和月饼，向老师表达感谢。我送到老师家里，临走的时候，老师却把其他家长送来的鱼让我带回家。她知道我不肯，硬是把我关在门外，让我一定要带回家里去。

初三的时候，我生病住院了，正值冬天，安老师的工作也很忙，但是一有时间，老师就会去医院看我。在我经历着青春期的迷茫、挣扎和叛逆时，正是安老师用这样低调、淳朴的爱，鼓励着我，滋养着我，温暖着我。

由于家境贫寒，上大学以前，我几乎没有穿过新衣服，内心的敏感和自卑不言而喻。但是老师们对我那种无微不至的爱，给孤独、敏感、自卑的我极大的鼓励。那份爱仿佛播撒在我心田里的种子，在有生之年我都铭记在心。

28岁那年，我成立了自己的工作室。工作室的运营要承受不菲的房租，我们并不盈利。但是遇到经济困难的学员，我都尽量给予帮助。这份宁可雪中送炭、不愿锦上添花的特质，想必是受了老师的影响。

在去年的教师节，我给安老师送上祝福，并告知她一个好消息。有一个孩子的母亲，找到我的时候已经走投无路了，她的孩子被学校劝退过三次。自从她找到我之后，一有机会我就让她参加我的课程，能够免费的就免费，能够优惠的就优惠。如今她已经通过自己的努力，获得了家庭教育指导师证书。

"我想这些要特别感谢您，安老师。您曾经给予我的爱，一直在我心里，我把这份爱传递出去，帮助更多的人。"教师节时，我给老师发了这样的信息。

老师是这样回复我的："早上第一个看到你的祝福与问候，特别高兴！当年对你的关爱和帮助都是作为老师的本分，你有今天的成就与你自己的刻苦努力是分不开的。看到你这样励志，事业有成，我感到非常欣慰。我们应尽自己的所能去帮助那些弱者。祝你事业更上一层楼，家庭幸福！"

好多人说：鲍阅，你是一个有大爱的人。其实，我心里的爱，都源自于我的成长经历。我曾经得到过那么多的爱，才有能量去爱更多的人。

我的初中班主任只是给我爱和鼓励的众多老师之一。

教地理的任老师是一位父亲，他有时会把用了一面的试卷拿回家给自己的孩子做演算纸，他说："我给我儿子和你一人拿了一份。"虽然是小事，但老师对我这般用心，如同自己女儿一般，这份爱温暖我很多年。

不仅如此，老师还会邀请我去家里吃饭，师娘会做好吃的给我。我结婚的那天老师有课，没法去参加我的婚礼，师娘就代表老师去参加。我记得师娘说："鲍阅，自从你去我家吃过饭，我就没把你当外人，把你当成自己的孩子。今天见证你的婚礼，真心替你高兴，也为你骄傲。希望以后你每次回来，都常回家看看。"

除此之外，大学里面还有一位恩师——师颖新，他只教了我一年时间，那个时候我就有成为心理咨询师的梦想，有写教育书籍的目标。但是那个时候的自己还不够成熟，当初写的文章现在看着，都觉得好幼稚。

可是当年，每次我发邮件给师颖新老师，他都非常耐心地给我回复，鼓励我说："年轻人有梦想是好事……"然后再针对我写的内容给一些建议。

我工作室落成的那一年，师老师来北京出差，特意坐地铁来我的工作室看我。

上面三位，是众多给我关爱的老师的代表，从小到大给我爱和力量的老师实在太多太多。

初二时教我地理的陈老师，他特意自己花钱买了一个相册送给我，赠言是"奋斗就是人生"；初中化学李老师，也曾给我许多爱与鼓励，现在每年回家，我们都找时间见面，相册里还有结婚前夕去她家与她的合影；高一时的班主任赵老师，在我离开实验班之后，每次见面都会有鼓励的话语，我出书之后，她特意在京东上购买，并留言支持。还有大学的辅导员王老师，他给我非常多的关心，他的鼓励与欣赏，让一个人背着行囊报到的我，非但没有自卑，反而很骄傲；另一位辅导员张老师，在我曾经闹着要退学的时候，给了我非常多的倾听与理解；我的班导师张老师，更是经常邀请我们去她家里做客，得知我出书的消息，为了支持我她特意买书分给同事。2018年她来北京，也特意抽时间与我见面。

好多人说：鲍阅，你身上有非常多的优秀品质，你如果不做心理咨询师，你可以赚更多钱。

的确如此，我以前做每一份工作，都能够得到老板的赏识，凭借我的用心、认真和努力，在工作时取得高收入不是难事。但是，赚钱不是我们活着的唯一目的。前面提到过，从小的成长经历，让我对物质的要求极低。

正如力青老师所言，我始终觉得我与家庭教育事业有着前世今生的缘分。特殊的成长经历，也是我从事这项工作得天独厚的基础。我有着天然的、敏锐的感知力，能够给学员恰当的共情陪伴；也有着一份独有的睿智，点拨学员，看清他们问题的本质。

所以即便这条路很艰难，我却从来没想过放弃。从全国来讲，目前能够靠心理咨询养活自己的心理咨询从业者，连10%都不到。正因为如此，这个行业需要更多人的坚守。

这是一份传递爱的事业。

有一个学员说："内心的丰盈与力量真的只有自己能给。自从上了鲍鲍的心理学课，我一直在感受、体会，去触摸那些让我委屈、伤心、愤怒的原因。追根究底，这些情绪不是别人带来的，而是自己。很多时候我对别人有过高的期待，当对方没有达到的时候我会失落，会生气。然而这一切对方并不知道，因为我没有表达自己的需求和期待。长这么大，没人教我好好说话，没人教我正确地表达自己的想法、需求，谢谢鲍鲍。"

讲课的这几年，收到过太多学员类似的反馈。陪着他们踏上心灵成长之路，见证了很多夫妻从濒临离婚到破镜重圆，看到太多家长与孩子的亲子关系得到改善。

亲密关系、亲子关系中，人们往往都是抱着好的初衷试图爱对方，可是有时候结果不尽如人意，甚至是彼此伤害。因为爱是需要学习的。

做一名陪伴大家一起实现心灵成长的老师，让我倍感幸福。我希望可以凭借自己的绵薄之力，让更多的人学会爱，感知爱，表达爱。因为曾经的我，也被来自老师们的爱温暖着。

第二章

我爱的人，与爱我的人

亲情、友情、爱情、同学情、师生情、学员情、邻里情……她们像我身体里的血液一样，一刻也不曾与我分割，她们哺育我、滋养我、温暖我……给予我生命的养分、前进的动力、休憩的港湾……

让我用一生守候每一段情、每一份缘，感恩、珍惜……

引　言

　　人世间最可贵的，是人与人之间的真情实感。

　　旅行中去的每一个城市，无论看到壮阔的山川，还是看到秀美的峰峦，都可以让我心生赞叹，但那赞叹却也只如过往云烟。

　　但如果一个地方有我惦记的人，那里纵然偏僻遥远，哪怕处处断壁残垣，只要我们有着彼此沟通的意愿，虽相隔万里仍时常惦念，有了这份情，我对那个地方就会牵肠挂肚。

　　我可以在火车上遇见一个朋友，从此成为忘年交。

　　也曾因为各种偶遇，与对方互为知己。

　　我鲜少与异地朋友打电话联系，但是我们对彼此的记挂在心里。

　　因为我更珍惜眼前的每个人，每段缘……

01 婚姻里，成就彼此遇见更好的自己

2011 年 12 月 12 日，是我与先生结缘的日子，我们是在 QQ 上认识的。当时我的 QQ 空间没有设置访问权限，陌生人也可以浏览我的相册，他无意间看到了我曾经去杭州游玩的时候拍的照片，就主动加我为好友。

我一直对网上闲聊来搭讪的人是比较排斥的，我说："你必须说出三个加我的理由，否则我就把你拉黑。"

他说："只是看到你在杭州拍的照片，很熟悉的感觉，我曾出差去过那里。"

他并没有因为我的刁难而故意编造理由，这份实在，让我对他这个陌生人不再排斥，愿意继续与他聊下去。虽然那个时候，我们两个人都生活在北京，但是从我们网上相识的第二天起，他就出差去了外地，直到一个多月之后才回来。

在未曾见面的日子里，我们聊了彼此的兴趣爱好，各自的成长环境。休息时候就会问候对方，彼此都颇有好感。在他回到北京之后，我们很快就约了见面。第一次是他请我在餐厅吃的饭，第二天我又邀请他来我租的房子吃饭聊天。

我清晰地记得，他第一次来我住的地方，我特意让他抄写了一段《道德经》，我想看看他的字是怎样的，因为我觉得"字如其人"。我想通过字，了解他的性格。他的字刚劲有力，中规中矩，和他的性格很吻合：言谈不是那么伶牙俐齿，但是内心淳厚；处世不会八面玲珑，但是可靠踏实。

转眼间就到了春节，他回了老家，我留在北京，去姑姑家过年。虽然，当时的我们还没有明确恋爱关系，但是他心里已经笃定我就是他要找的人，他回老家时，家人问他是否有女朋友，他说有。于是，他妈妈给我炸了丸子，包了包子，他坐着高铁，把这些带回北京给我吃。

我把他们家这样的举动分享给我当时的同事时，同事们都觉得这一家人好实在。过了两天，他买了一盆花和几条鱼，送到我的住处，对我说："做我女朋友吧。"虽然相识并没有多少浪漫，但是他的陪伴让我漂泊的心感到踏实。

此后，我们过起甜蜜的日子。

我下班比他晚，他会把饭做好，等着我回家吃。他从小在家里是连碗都不会刷的，为了我开始学着做饭。有时候，还会在网上学着做蓝莓山药、宫保鸡丁等菜肴。为了给我惊喜，他会把做好的菜用盘子扣起来，在掀开的瞬间，我会兴奋得像意外得到糖果吃的小朋友。然后我会很自然地掰下一根香蕉,假装成话筒放在他的面前采访他:"你觉得谁是这个世界上最幸福的女人?"他说:"你呀!"

我那时工作是在教育行业,周末两天不能休息只能在周一到周四倒休,所以难得赶在五一假期一起休息时,我们都特别珍惜。他说"我们去放风筝吧",我说"好呀,可是我们去哪里能买到风筝呢?"他笑嘻嘻地拿出自己早已准备好的风筝,然后带我去鸟巢广场。

其实,爱情里,一个小小风筝带来的惊喜,在我心中胜过一切昂贵的物质。

有一次,他去成都出差,一个多月都没有回来。我们彼此都非常想念对方,趁着端午节假期,我去成都看他。刚好那段时间他的工作不忙,我们一起去了周边的景区。回看当时的照片,他一路上背着包,为了方便我喝热水一手拿着保温杯,另一只手拿着相机随时准备为我拍照,我体会着被宠的感觉,真的好幸福。

结束了三天的假期,我就要回北京上班了,他去机场送我的时候,我竟像个小女孩一样,哭着舍不得和他分开。

我已经记不清我们是哪天在成都火车站买的点心,回到北京后我告诉他这个点心很好吃。他回来的时候,带了很多同一家店里的点心。而为了买这些点心,他特意从住处,赶到成都火车站。而又因为当天的航班被取消,他推迟到第二天才能回来,他觉得过了一天点心就不酥脆了,于是,他把已经买好的点心分给了同事,第二天又特意去成都火车站买了新鲜的点心。

这一来一回就要两个多小时,而且我只是随口一说,并没有一定要他买。他竟然为此反复去了那么远的车站两次，这种用心的爱让我内心非常感动。因此，即便我们结婚时，没有婚房，没有彩礼，没有钻戒，我都不觉得我们的婚姻有什么缺失，这份踏踏实实的陪伴，这份日常里的心意，在我看来比什么都珍贵。

除了日常生活中相互关心，彼此对对方无条件的支持，更是我们婚姻中最宝贵的财富。

在女儿暖宝出生半年之后，我与他是同时离职的。他离开自己熟悉的石油行业，进入金融领域，从一个基层的销售做起；我投身心理学行业创业，经济上入不敷出的状态，持续了很久。

当时，如果他留在原行业，其实有看似更稳妥的选择，比如出国工作，每年有30万元左右的收入。他觉得孩子小，作为丈夫和父亲，他希望在有一定积蓄的时候再转行。

是我，坚定地支持他辞职，换到自己感兴趣的领域。一来，他既然不喜欢原来的行业了，而赚钱的途径有很多，那么我不希望他在自己不喜欢的行业浪费时间。二来女儿出生了，先生自己不愿意错过女儿成长的瞬间，我亦如此，三口之家的天伦之乐，是多少金钱都无法买到的。

当年，我们做这个决定的时候，手里的存款，只够支撑半年的
房租。很多朋友得知后都非常佩服我们当时的魄力和勇气。

一直以来，我对物质的要求极低，小时候虽然穷苦，爱却富足。

而且我不贪心，人生的任何选择注定有得有失，我既然和先生选择了自己喜爱的行业，选择了一家人一起享受天伦之乐，暂时承

受一定的经济压力，也在情理之中。世间哪有十全十美的选择呢？

而且我坚信，一个人只有在他最感兴趣的领域，才能发挥出最大的潜能。先生后来在事业上的发展足以说明一切。

他放弃了从事七年的行业，转行到金融领域，从最基层的销售员做起。在原来行业已经可以拿到一万元底薪的他，在新行业只能拿3000元的工资。但是他凭借自己的努力，不断地在专业上提升自己。一年半后，他做到了公司的IC岗。接下来，又通过不断的积累与提升，成功地进入了产品部，职位在转变与提升，收入自然也在提高。

2017年一整年，他每天白天上班，晚上回家准备CFA考试，教材是五本厚厚的全英文书籍。每天晚饭后，他和我一起陪女儿做游戏，在我们入睡之后，他再开始学习，直到半夜十二点甚至更晚，第二天再早起上班。

暖宝上幼儿园之后，我们就让一直帮忙的婆婆回到公公身边，开始了我们一家三口的生活。为了支持先生学习，我一边创业，一边负责接送孩子，家务基本全包，其实，也是蛮辛苦的状态。但是，我们都无怨无悔，也从不抱怨。

过去的几年，我为了学习心理学，花费了很多的经济成本。先生换了新工作，也是压力巨大，但是，他一直在无条件地支持我做自己热爱的事业，从无怨言。

2018年他做出了考MBA的决定，9月他辞去了上一份工作。虽然，他也尝试面试新工作，但是我一直鼓励他，安心在家里复习，考试之前不要再工作了。因为如果他再继续工作就意味着又要熬夜学习，而我不想他那么辛苦。

我知道作为男人的他，让身怀六甲的妻子赚钱养家，内心是有压力的。我安慰他说："我现在赚的钱够我们的日常开销，你不上班了可以接送孩子，洗衣做饭，这样我只负责工作，家务都不用干了，我也轻松很多呀。"

在那几个月里，先生辞职在家复习，少了往日工作奔波的疲累，我深切地感受到一家三口一起互动玩耍的时间更多，我特别享受这份安住于当下的快乐。

在这以前，他下班到家都快八点了，吃完饭收拾完就快九点了。孩子如果磨蹭一点，他就会着急地催促，甚至有时对孩子发脾气。如今时间充裕了，明显感觉他对孩子耐心得多，孩子也比以前更爱爸爸了。

这几个月里，我们三个经常疯来疯去，咯咯乐个不停。我们享受着这份美好的时光，同时迎接着新生命的到来。

虽然为了成长、提升自己，我们都付出了很多代价。但是我觉得人生是一个过程，无须过分关注结果。我告诉先生："你能够在工作安稳之时毅然辞职，到一个新的领域，不断开拓提升自己，我已经感受到你的责任与担当、你的上进与积极。你能够在我和孩子安睡之后每晚坚持学习，这是多么难能可贵的品质。看到你在过程中的努力，我已经非常知足，结果怎样并不重要，我希望你也不要太在意。"

在教育子女上，我们也一致认为，尽我们所能给孩子足够的陪伴，用我们的拼搏进取给孩子树立一个良好的榜样，这就够了。

我们既不会给孩子报昂贵的补习班，也不会追求学区房。我们认为父母努力进取的榜样力量，是给孩子最大的财富与支持。

如今，我们虽然在北京没有房子和户口，但是我的心从不因为没有这些而漂泊不定。因为我们每天都在为自己的目标而努力奋斗，每年都为能够看到彼此的成长而感到欣喜。

脚踏实地地为梦想勤奋努力的日子里，虽然累点，但心里踏实。有爱人的地方，就是家；有梦想的生活，永远充满希望。

在爱人的无条件支持下，我实现了 28 岁出书及成为心理咨询师的梦想。如今 30 岁的时候过上了心想事成的生活，是先生给我的爱与信任，让我成长为自己理想的模样。

如今，我也愿意尽我所能支持他，让他去实现他自己的人生理想。

好的婚姻，是互相支持，成就彼此遇见更好的自己。

⌇02⌇ 养孩子，让 Ta 成为最好的自己

焦虑，是我们这个时代的人的普遍状态。

人到中年，上有待养父母，下有待哺子女，不敢生病，不敢休息，面对越来越大的竞争压力，自己的身体有些力不从心……这是很多中年人的真实写照。

随着年龄的增长，当我们对自己的掌控力越来越弱的时候，当面对的无奈的事情越来越多的时候，我们则会不自觉地把希望寄托在孩子身上，以此来缓解自身的焦虑。

越是自己成长经历中有遗憾的家长，越是希望通过子女，去完成自己未完成的心愿，而这样的结果往往容易事与愿违。这种潜意识里的补偿心理，通常以"为了孩子好"为合理化的理由，从而忽视孩子的真正需要。

每个生命都有其内在的动力，每个孩子都想成为自己。一个人没有按父母期待的样

子生活，但却有着非凡成就的故事，不胜枚举。

伟大的科学家伽利略，他的父亲一心希望他成为医生，把他送入比萨大学学习医学。但是，伽利略却很少上课，而是在图书馆学习数学、物理学这些他感兴趣的学科，最终他成为伟大的数学家、物理学家和天文学家。

伟大的音乐家亨德尔，出生于17世纪的德国，他的父亲是一个理发师兼外科医生。他的父亲认为音乐是卑贱的职业，坚决反对亨德尔学习音乐。即便在父亲的强烈反对下，亨德尔也无法抵御内心对音乐的热忱，依旧偷偷练琴，最终踏上音乐之路，成为享誉世界的作曲家。

我们都知道"强扭的瓜不甜"的道理，但教育孩子的时候，父母总是难免要进行干预和限制。可是每个孩子与生俱来的动力和特质，并不会以父母的意志为转移。

因此，我特别喜欢杨澜说的话"别把劲都使在孩子身上"。

随着孩子的成长，我对女儿暖宝不必要的关注也是越来越少的。我把绝大多数能量都用在了自己身上：如何丰富自己的兴趣爱好，如何提升自身的专业技能，如何更好地了解学员的需要，如何保持自己良好的心态……

当我越少关注女儿的时候，我们的关系越融洽，我对她的成长越满意。

我讲课的时候，难免拿女儿举例子，回听时，我发现，形容她用了很多次非常：她非常有爱心，她非常善于分享，她非常幽默，她非常乐于助人……

可见，我真的是发自内心地欣赏她。虽然，她有她的缺点，她跟所有的孩子一样都不完美，但是我对她的状态却非常接纳。

暖宝同学的家长中，很多都羡慕我们母女，他们知道我心态超级乐观，也时不时地向我取经，问我："对待孩子，为什么你一点都不焦虑呢？"

经过认真体会，我的答案有两点。

第一，我的父母在养我的过程中就没花多少心思在我身上，因为能把我和妹妹养活就不容易。我的学习成绩、我的心理建设、我的兴趣爱好，他们完全没有能力和精力顾及。但是，我今天依然活得很好。

第二，我对我的人生非常满意，这份满意并不是我拥有多少财富，或者功成名就，而是我通过自身的努力，实现了人生的自我超越，我欣赏自己在奋斗过程中的勇气、坚持与努力。因此，我不需要我的女儿来证明什么，或者替我完成什么心愿。我想做什么，会继续通过自己的努力去实现。

回观我的成长历程，爱和信任下的自由是最大的财富。

淳朴的家人给了我质朴的爱和关心，但他们不会关注我的考试名次，不会左右我报考哪所大学，不会干涉我选择什么专业。从小到大，我的人生都是自己做主，我想辞职就辞职，想创业就创业，没有羁绊，全听本心。

我对自己的人生很满意，因为我活出了自己真实的模样，没有因为父母的左右而压抑自己的需要，没有因为家庭的干涉而在选择时不知所措。

人生没有弯路可言，做了不喜欢的工作，才更加知道自己喜欢什么；在不同的城市生活过，才更知道哪里是内心的归宿。不经历过错，无法笃定什么才是正确的选择。

比如，我曾经离开北京，去淄博生活四个月。这表面上看是人生的一段弯路，但是，正是因为有了这段经历，我才更加笃定年轻时候的自己，更适合在北京生活。因为我有成为心理咨询师的梦想，北京这座城市拥有全国最好的教育资源。

人生常常陷入围城的困扰，城里的人想出去，城外的人想进来。

我的性格本就喜欢生活中的那份未知，我认为人生的曼妙之处正在这里。而我，最幸运的地方正在于，可以听从内心的声音，不被干涉地去探索这份未知。我经历了围城外的生活，从此不再羡慕外面的世界，安心地生活在北京，在这里成家、立业，如今开展着自己热爱的家庭教育事业。

人和人的性格不一样。我表姐更喜欢稳定的生活，虽然她毕业之后，也曾经来过北京，也试图打拼过，但最终她听从心声选择回到老家，考取公务员，过着安稳的生活。

她出来闯荡过，她体会过大城市的生活，她觉得这个不是她想要的，因此她的职业选择也没有遗憾。我还认识一个妹妹，曾经考到北京读大学，毕业之后工作了两年，但是她觉得北京的生活节奏太快了，她用了两年的时间，确定了这不是自己想要的生活后，就和男朋友去四川开始种水果，过上了喜悦的田园生活。

可惜，很多人却因为父母的左右，因为家人的安排，一辈子没有从围城里走出过，即便他们从其他人那里可以听说外面的世界很无奈，但是，"外面的世界很精彩"这份吸引力，却始终在他们心里无法释怀。

虽然，在外人的眼里，我看似犯过很多错。比如：毕业之后频繁换工作；在自己羽翼未丰的时候就开始创业；在不足以支付高昂房租的时候就成立地面工作室……

但是，这每一步经历，对于我来说都是财富，不可或缺。

频繁换工作，让我在每一份工作中我都学到了新的东西，看到了不一样的自己；早早创业，我可以灵活地支配自己的时间，可以自由取舍，给到女儿高质量的陪伴；曾经开办了两年的地面工作室，结识了很多有识之士。今天的团队伙伴都是在那些面对面的温暖接触里相识的，我们确认彼此的目标一致，愿意一路走下去。

所以，我特别感谢自己的父母，给了我足够的人生自主权。

世界上，没有只有正面没有背面的纸一样，人世间，也没有绝对的坏事。人生是一个过程，最可悲的人生，其实是父母打着保护孩子的名义，不允许孩子犯错，也就意味着孩子的很多尝试和选择的权利被剥夺。

我认识很多优秀的朋友，与他们聊天时，发现他们心中有很多的遗憾。比如，自己明明喜欢艺术，但是父母不同意，最终学的不是自己喜欢的专业；还有的人明明自己已经填报了高考志愿，父亲却偷偷找关系，修改了她选择的专业，让她留有一生的遗憾。

越是有这样遗憾的人，越是容易对自己的人生产生不满。越是对自己的人生不满，越是容易通过操控子女的人生来获得圆满。于是，在代际传承中，父母不断控制子女的人生，进而成为一个恶性循环。

每个生命内在，都有自己的节奏和成长动力。

越是自身价值感高的父母，越是能够尊重孩子。著名主持人白岩松老师，在参加《鲁豫有约》时，被鲁豫问及："您的孩子将来会从事什么职业呢？"

白岩松老师回答说："那我哪知道呀，我不是孩子人生的编剧和导演，我永远只做孩子人生的观众。"

如果每个家长都把力量用在自己身上，不断提升自己和改变自己，那么这个家长则无须通过控制孩子来证明自己，养育孩子也就呈现原本该有的样子，这是一件快乐幸福的事。当一个家长对自己的人生满意的时候，养孩子才可能不焦虑。

暖宝的同学家长问我："你在养育暖宝的时候，怎么一点儿都不着急呢？我跟其他妈妈聊一会儿，一听到人家这个学了英语，那个学了钢琴，我就会焦虑一个星期。你都是怎么应对这些的呢？"

首先，暖宝确实学了钢琴，但是这是天时地利的因素，幼儿园就有外聘的钢琴老师，每天教孩子半个小时，每个月的学费只有几

百块钱，相当于在外面报班三节课的价钱。孩子也喜欢，我们才坚持下来。

我不会花大价钱和高时间成本去学东西，因为一个人能否学好更多的是靠内在的动力。刚好幼儿园每天都有不同的兴趣班，费用我也能承受，每个兴趣班都让暖宝去体验，如果学了一个学期她喜欢，就继续学，不喜欢以后就不报了。

我不期望她成为全才，我只希望她成为她自己。

我对她未来是否一定要考大学，从事什么工作都没有期待。因为每条路都有不一样的风景，我不认为不读大学就意味着一事无成，读了大学就万事大吉。

我对她唯一的要求就是，将来无论从事哪种工作，都要热爱这份工作，并且做到勤奋努力，在面对别人的时候传递的是正能量。比如，女儿将来如果选择卖馒头，我的要求是："你要把馒头笑着递到顾客手中。"

职业没有高低贵贱，只要凭自己的努力养家糊口同时为社会做贡献，就值得尊重。我也把自己当作榜样，告诉她，从事一份自己热爱的工作，把快乐带给身边的人，是最重要的。

自由，是父母给孩子一生最宝贵的财富！

愿天下的孩子，都可以成为自己理想的模样！

03 远亲不如近邻，珍惜每一段缘分

我对邻里之间的缘分，特别珍惜。最初意识到自己这个特质是第一次带着我先生回我老家的时候。

那时，他还是我的男朋友。别人带着男朋友回家，除了见家人、亲戚、好友，再就是见同学了。

我不仅带着我的男朋友去见这些人，我还带着他去了我的老师家。这个也容易理解，毕竟当年，老师们对我都非常关照，师长如父母。而与众不同的是，我竟然还带着他去了很多邻居家。

这些邻居，都是七老八十的老太太，男朋友自然跟她们没什么太多可聊的，就陪着我在旁边坐着。我跟这些奶奶们，一聊就是半天，以至于他每次出来都说："你下次能不能少聊一点呀？"

继母说："你这样的小孩比较少，很认亲。"后来我们渐渐地都明白了，跟这些邻居老奶奶聊天对我的意义非同一般。

小时候，我是跟着爷爷奶奶长大的，他们二老都没能等到我考大学就相继离世了。上了大学后，每次我回家都会去看望这些老奶奶们，还会用自己赚的钱给她们买上一点大连的特产。因为看望她们，就好像看望我的奶奶，她们看到我的现在，就好似奶奶看到了我的今天。当跟这些老奶奶聊天的时候，她们能够记得，我三岁多就学会了乘法口诀，四岁的时候陪着奶奶去菜市场就能帮忙算账了……我的童年都在她们的脑海中。

哪怕每次见这些奶奶，她们说的都是一样的话，我也乐此不疲地聊下去。先生理解了跟这些奶奶聊天对于我的意义，无论待得多久，他都会欣然陪伴我一起去。

我特别庆幸自己能够珍惜这样的时刻，因为她们年纪都大了，基本上每一年，都会有一两位老人过世。我怀孕以后，最后一个奶奶也走了。

一个人想念一个地方，一定是想念这里的人。再回家，少了这些邻居可以拜访，我会看着家乡的土地，望着熟悉的建筑，心生怀念，驻足记忆。在心中默念"年年岁岁花相似，岁岁年年人不同"，体会着物是人非。

或许正是因为如此，我格外珍惜身边的邻居，哪怕生活在高楼林立的北京。我始终觉得，让我们彼此疏远的，其实不是高墙铁门，而是我们不够热情、不够坦诚的心。

刚来北京的时候，我住在学院路一个十多户的合租房里。因为离大学近，房源紧俏，条件简陋，但是我每天都非常开心，因为这里邻居多。

邻居之间相处，就是你来我往的关系。房东太太是安徽人，很热心，她亲切地喊我"丫头"。她每天忙着在各个房间打扫卫生，有时候到了中午才回来，我做好饭就会邀请她来吃。当然，我蹭房东家的饭更多一些。

刚毕业的时候，总怕客户嫌我年轻不成熟，我上班都穿着高跟鞋（那时我认为高跟鞋是成熟的标志）。下班在公交车上站一路，再走回去就觉得很累了，懒得再去菜市场买菜。我就跟这个邻居家借一个青椒，从那个邻居家借一个土豆，炒一盘青椒土豆丝。他们都喜欢我这样俏皮可爱的样子，现在回忆起来都觉得幸福。

有一次我发烧了，烧到了将近40℃，整个人都晕了。其中一位邻居哥哥，带着我去北医三院看医生开药。回来之后，房东太太煮好了粥，一口一口地喂我吃，跟我一起合住的姐姐用温热毛巾一遍一遍地擦我的额头……

现在还记得，当时感动的泪水止不住地从我眼角流出来。他们像亲人一样照顾我，所以即便后来我离开了那里，仍时不时地回去看望房东太太，与其中的一些邻居现在还保持着联系。

我一直坚信，人与人之间的情感，是靠相处的。

自从女儿上了幼儿园，婆婆回老家之后，邻居更是我生命中不可或缺的重要角色。我工作忙的时候，就会托付同小区的同学家长帮忙接一下暖宝。

当然，不是所有人都像我这么不见外。有一次，我跟明宇妈妈接孩子的时候碰上了，回来的路上两个孩子玩起来不愿意分开，暖宝要去明宇家，我就陪着上去了。到了做饭的时间，暖宝还不愿意走，我就问："妈妈得回家做饭了，你是跟妈妈回去还是留在明宇家玩？"她选择留下来。

明宇妈妈是好客的，不过后来她跟我说："我们第一次一起接孩子，你就这么放心地把孩子留在我家，让我特别意外，我很感谢你的信任。其实我一直渴望明宇能够跟伙伴互动，但是因为我们是班级里入园最晚的，很多家长我都不熟悉。我虽然很愿意暖宝来我家，但是要是我的话，我会不好意思把孩子留在别人家，我怕给别人添麻烦。"

我说："我特别能够理解，我这次给你添麻烦，也是创造了一个你将来麻烦我的机会呀。"我热情主动的性格，特别擅长实现人与人之前的破冰，当有了第一次的交往，后面的互动就频繁起来了。

有一段时间，只要明宇和暖宝在回家的路上碰上了，不是暖宝要去明宇家，就是明宇来我们家。明宇妈妈考试忙的时候，明宇就多来我家，我忙的时候，暖宝就多去他们家。

现在我们两个家庭，几乎每个月都安排聚会。为了迎接小宝的到来，我们买了一个高低床，家里的家具需要挪动，于是就请明宇爸爸来帮忙，顺便一起聚会。吃完饭，我们各自组队，用暖宝的话说："爸爸们在干活，妈妈们在聊天，小孩们在玩。"

上天的安排，似乎总是那么合理。曾经有一段时间，我们家老人不在身边，明宇的父母下班时间比较固定，很多次在我讲课的时候他们就帮忙接暖宝；而当我身怀二宝即将生产，公婆都来到北京照顾我们，可以接送暖宝，刚好这段时间明宇的父母又开始加班，我们就可以帮助接明宇。

我们慨叹，一切都刚刚好。

还有更幸运的事情，暖宝的老师也跟我们住在一个小区，而且她跟我一样，也是热情的白羊座。我刚怀老二的时候孕早期的嗜睡特别明显，每天早上都起不来，起来了就得难受地呕吐好久。暖宝的老师知道了，就主动要求帮我带暖宝上幼儿园。

小区附近有儿童广场，每次把暖宝送去玩，邻居们都主动帮我照看孩子，让我回家休息。我们越来越能够体会"远亲不如近邻"这句话，也愈加珍惜这难得的缘分。

现在很多孩子都是独生子女，一个孩子在家的时候，总希望大人陪伴。两个孩子在一起，父母们反而更轻松，当我们发现了这个规律，每到周末，不是去这家，就是去那家，要么就相约一起出去玩，孩子们有了玩伴，家长们也得以放松休息了。

城市化发展的今天，人与人的心，随着一道道防盗门而生了距离。但是，如果我们多一份主动，多一份热忱与信任，邻里之间真的可以相处如亲人。

04 朋友是后天选择的亲人，且行且珍惜

朋友在我的生命中，尤为重要。我也有非常多的好友要感谢，这里我只写其中的三个作为代表。

第一个是我的高中同学——欣心。

我们俩同岁，我比她大半个月，我们是在高中二年级的时候成为好友的。我与她平时都不怎么联系，但是我却知道我们的感情比亲人还亲。

2018年，她带着未婚夫来看我，并告诉我他们准备结婚，这是她坚守了八年的结果，我实在太为她高兴了。为了表达我的喜悦和对她的祝福，在我们分别之后，我去校内网和QQ空间找我们曾经的合影，竟发现我俩一起去过十几个城市。

大二的时候，我在大连上学，她从佳木斯坐了一夜的火车来看我；大三的暑假，她

到北京实习，当时我刚好去了淄博。开学前，我从淄博赶到北京去看她，之后又回大连……

大四的时候，他的父母去大连旅游，他们说，如果不是我在那里，他们不会选择去那里。上高中的时候我经常去她家，他爸爸每次都做很多好吃的。我生病的时候，她妈妈带着我看中医，买中药。

毕业后她去了杭州工作，我来北京定居。有一年春节，我去杭州找她，我们一起去了乌镇、绍兴。

我结婚的时候，她从杭州赶到我的婆家参加我的婚礼。

我出差去上海，她会特意从杭州跑到上海看我，陪我住在酒店里，分别的时候，我们买相近时间的火车，我返北京，她回杭州，虽然只见短短的一天，却不愿错过每一次见面的机会。

我们之间的友情，就如同我们为了看望彼此而走过的路一样，绵长久远。

我与欣心性格迥异，我凡事都喜欢看好的一面，她聊天总喜欢聊不如意的事。我们互相怼，互相气，但是对这份友情却又无比珍惜。

虽然我怀着二宝身体不便，但我们全家陪着我一起参加了她的婚礼，看着她披着婚纱，幸福地嫁给了爱情。

与欣心的友情，让我们明白，朋友可以不常联系，但对彼此的祝愿却一直在心里；朋友未必都说你爱听的话，但是我们却真心希望对方过得好，过得开心；我们对彼此的祝愿，一直深深地住在心底。

另一位非常重要的朋友——迪迪。

迪迪，是我在大连工作时的同事，比我大两岁。九年来我们虽然分别生活在北京和大连，中间只见过三次面，但是我们对彼此的关心和爱却一直都在。

在大连工作的时候，我因为自己内心有着挣扎的声音，整个人的状态并不好，又因为跟总监住在一起，引起了很多同事的排挤。那时只有迪迪不在乎别人怎么看我，一直陪伴在我左右。

直到现在，我还清晰地记得，2010年10月2日，我即将踏上去往北京的列车，这一天，大连下着特别大特别大的雨，迪迪一个人来为我送行。她穿着粉衣服，打着伞，笑着跟我说再见。每每回想那个画面，都让我无比感动……

因为有她的陪伴，我在孤独落寞的时候也不觉得太难过；因为有她的欣赏，虽然知道人际交往是我的短板，但是我坚信自己身上依然有着可贵的品质……

从那以后我们虽然并不常打电话，但是每当有人生大事的时候，一定会想到通知对方。迪迪非常信任我，每当内心有不确定的时候，也都会与我商量。

过去的几年，迪迪在异地见证着我的成长，看着我结婚、生子、创业、出书，她为我无比骄傲；我的书《爱的觉醒》出版时，她一下子买了十本签名版送给自己的好友，几乎她的每一个好友都知道我的存在。她是我坚定的支持者。

最令我开心的是，她也终于和她心仪的白马王子牵手步入了婚姻殿堂，幸福地生活着。

与迪迪的友情让我知道，友情中最可贵的部分是，我们可以见证彼此的成长。

还有一位重要的朋友是我的好闺蜜——莉莉。

来到北京工作不久，就遇到了莉莉，我先于她入职早教中心。我天性热情主动，她刚来的第一天就坐在我旁边，我不但主动给她介绍身边的同事，还主动告知她一些产品的情况。

她是慢热的天蝎座，后来她告诉我，我的热情让她比以往更快地融入团队，她非常感谢我帮她顺利地完成了破冰。

那一年元旦，公司组织活动，我们把早教中心的孩子们捐出来的玩具送到了太阳村（非政府的慈善组织），经过那次活动，我和莉莉走得更近了。

隔了两天，我们又相约去了太阳村。在去那的前一天，我们两个对彼此的成长环境有了深入的了解。她是家中长女，7岁以前，是在奶奶身边长大的。她说："有一次学校要求买一个东西，要交七毛钱，我犹豫了好久，都不知道怎么跟奶奶张口。小时候爸爸妈妈出去打工，带着妹妹和弟弟，家里的邻居就逗我说爸妈不带我是因为我长得丑，为此我自卑了很多年，跟父母一直有隔阂。"

说到这些她自然是忍不住落泪的，我也格外地心疼她。在奶奶身边长大的我，对这些感受自然是敏感的，也十分理解她。

所以，我们两个特别热衷于去看望和帮助那些没有父母在身边的孩子。虽然我们的工资都不高，但是去的前一天，我们特意在商场里给孩子们买零食、玩具和文具。即便我们去那里要坐几趟公交车换几次地铁，单程就要花三个小时，但是此后我们去过很多次。

系统地学习心理学之后，我才渐渐明白，去看望这些孩子，固然有我们天性中的善良，而同时，我们也是借此机会，去补偿童年时候的自己。

很长一段时间里，我跟莉莉工作日一起上班，休息日一起逛街、一起聊天、一起去景区。

后来，我曾经离开过北京一段时间，跟莉莉也一直保持联系。当我重返北京的时候，她和男朋友一起去车站接我。没找到工作之前，我就住在莉莉租的房子里。

那个时候，他们也刚毕业不久，为了节省开支，是与别人合租的房子。我和莉莉住在卧室，她的男朋友睡在客厅的沙发上。在我最困难的时候，是他们给了我帮助，我一直铭记于心。

结婚后，莉莉离开了北京，走的时候，我去车站送她，她和她先生的卧铺座位号分别是 13 号和 14 号。我说，希望你们一生一世幸福下去，我们也要做一生一世的朋友。

我们彼此都非常舍不得对方，当她处在人生低谷的时候，我也曾一个人带着三岁的女儿坐几个小时的高铁，去她的老家看她，给她力量、给她支持。

如今，我们在事业上彼此支持，在生活上互相惦记，在心里我们甚至比家人都更懂得彼此。

我与这些朋友的感情，比亲姐妹还好。他们就像老天安排在我身边的一个个天使，守护着我。在我脆弱的时候给我温暖，在我无助的时候给我支持。当我取得了成就的时候又忍不住要跟他们分享，他们的存在，让我的生命更加丰满。

朋友是我们后天选择的亲人，且行且珍惜。

05 我对学员，唤醒他们自身的能量

在我的生命中，除了亲人、爱人、朋友，学员也是非常重要的一个群体。在讲课的这几年里，一直不断收到学员的感谢。

一个学员在跟随我学习三年以后，在我写的文章下面留言：

非常感恩在我人生最低谷的时候遇见鲍老师，跟随鲍老师学习成长的两三年时间里，我的生活发生了颠覆性的改变，真有一种把自己重新养一遍的感觉！因为我的改变，我与老公的关系、与孩子的关系也彻底改变了。刚遇见鲍老师的时候，我跟老公濒临离婚的边缘，跟孩子的关系也紧张得要命。现在我跟老公的关系前所未有的好，彼此尊重和接纳；我跟女儿可以像闺蜜一样聊

人生、聊梦想……女儿也越来越懂得爱、独立和自强。

　　现在每一天都很舒心、开心，幸福！感谢遇见智慧有大爱的鲍老师。

　　每当收到这样感谢的时候，我的内心固然是喜悦和欣慰的，但是我一定会第一时间告诉学员："你最应该感谢的人是你自己，你今天收获的一切是你自己努力的结果。当你内在有一个强大的成长动力的时候，即便遇到的人不是我，也还是能够遇到张老师、李老师……"

　　我希望每个学员，看到他们内在的力量，而不是觉得这力量来自于外界。

　　近些年，各种教育机构、心理机构、特色幼儿园如雨后春笋般遍地开花，这样的局面是因为我们对家庭教育有庞大的需求。但是，从事这个行业的人士却鱼龙混杂，水平参差不齐。

　　很多家长最初找到我的时候，是非常无助的，没有力量的。这无助的背后，是他们在父母这个角色中的自我价值感极低，他们的力量似乎被掏走了，而掏走他们力量的，有时候恰恰是他们曾经求助的"专业力量"！

　　起初他们在教育孩子的过程中，发现了自己的不足，于是寻找渠道自我成长。但是有可能遇到这样的情形，一个机构的某位老师非常爱孩子，能够无条件地接纳孩子，却总把家长放到与孩子对立的位置上，对家长的行为进行无情的指责与抨击。

例如，小雨家长说：

> 那时候我真的感觉自己好无助，感觉老师说的都是真的，我的孩子的问题都是我造成的。可是我又不知道怎么调整我自己，我陷入了前所未有的焦虑，我担心我做不好母亲，导致我孩子有更多的问题。
>
> 在我走投无路的情况下我给孩子转园了。虽然幼儿园的级别没有以前高了，但是这次孩子的班主任对我是足够接纳的，我做的不好的她能够指导我，而不是埋怨、指责和批评。慢慢地，我重新找回了做母亲的自信，发现自己并没有以前想象的那样差劲。

很多家长的焦虑，是因为他们第一次做父母，他们想做好父母却不知道如何做。他们虽然很爱自己的孩子，但是他们对待孩子的方式无意识地承袭了自己童年被对待的样子。他们找到专业力量求助，是需要专业力量来支持自己。不然，家长一方面要为孩子的问题而焦虑，另一方面还要承受来自"专业力量"的批评和指责。在这样的情况下，家长只会变得越来越没有力量，越来越感觉自己做父母不称职。

育儿类电视节目也会播出一些情景：一个所谓的专家介入家庭，当孩子的父母有不尽如人意表现的时候，专家立即打断，自己亲身示范，再让家长学着自己的样子对待孩子。

这些专家可能学识很渊博、经验很丰富，但是他们却忘了一条：

"每个父母才是教育自己孩子的专家。"

我们当着孩子的面，去否定 Ta 的父亲母亲，这不会给这个家庭带来任何积极影响，反而让这个孩子的父母越来越怀疑自我，在孩子的教育问题上越来越力不从心。家长在孩子心中也变得越来越不好，甚至丢掉了为人父母的尊严。

天下没有相同的孩子，更没有唯一标准的家庭教育。世界上最了解孩子的是父母，跟孩子相处时间最长的也是父母。当然，做父母的教育孩子时出现了偏颇，有专业力量介入，帮助父母看到自己的不足在哪里，找到更好的办法的确有必要。

但是，这股专业力量的介入，是一种辅助的力量，不能替代父母的角色。

这种力量介入，是为了能够激发父母内在的积极动力，帮助家长看到自己的局限和问题，找到成长的途径和方法。家长通过觉察成长，改变内在固有模式。通过家长的改变，孩子能够更多地感受到爱，从而减少来自父母不自觉的伤害。

有的家长，走投无路的时候给孩子选择了所谓的"专业机构"，却增加了新的纠结。

三年前小雪的母亲把小雪送进了一家心理机构。因为那个时候孩子在人际交往方面非常胆怯，没有自我。小雪母亲也是在那个时候开始接触心理学，她曾经产后抑郁过，后来休完产假上班后，工作压力也大，因此对孩子时常发脾气，她担心是因为她这样才导致孩子出现诸多问题。她希望专业的力量可以帮助孩子释放当年压抑在孩子心底的情绪。

三年过去了，孩子有了些许改善，但是在遇到问题时仍然还是比较胆怯。并且这里的老师会经常指责孩子的父母，还吓唬家长说孩子有自虐倾向。对于孩子在这里上课，父亲非常反对。

小雪的母亲说："我真的不知道该坚持还是该放弃。现在这个老师对孩子的确是能够很接纳，但是对我却有太多的打击。我一方面希望能够让我们的孩子更阳光乐观，另一方面又担心这么下去，我承受不住老师对我的指责与攻击，同时还影响我跟丈夫的关系。"

针对类似情况，我们要不要选择继续下去，我总结了以下几点判断依据供大家参考。

1. 是让自己更有力量了，还是深感无力

很多能够给孩子无条件接纳与爱的老师，受到自身成长的限制，内心住着一个小时候的"受伤小孩"，现实生活中对自己的原生家庭和父母有很多情绪，始终没有真正面对。于是，便把自己内心里受伤的孩子，投射到来求助的孩子身上，给予他们无条件的接纳，甚至有的老师会纵容孩子到毫无原则的程度；同时，又不自觉地把对自己父母的愤怒，投射到孩子的家长身上，并且对这一切的发生毫不自知。

于是，原本想通过学习成长变得更强大的家长，承受着来自老师的投射，让原本无助的自己更加迷茫，深感无力。越是无力，越

不敢轻易离开这股"专业力量",进而陷入了一个恶性循环中,进退两难。

2. 是在孩子身上使劲,还是在家长身上使劲

很多机构打着"家长给不了孩子无条件接纳"的旗号,自以为他们能够给到孩子无条件的爱与接纳。可是孩子终归要回家,终归得面对"不能无条件接纳"自己的父母。在机构这里被接纳,孩子回家之后强烈的反差会让孩子更加无所适从。

殊不知,天下没有不爱孩子的父母,我们期待父母给孩子无条件的接纳,前提是我们也要给到父母一定的理解和接纳。这些父母小时候在家里得不到接纳,长大了做了父母,还是不被接纳,如果作为父母,他们从来没有体会过被接纳的感觉,那么他们也很难接纳孩子。

与其让机构的老师替代父母的角色接纳孩子,不如我们通过专业的支持,让父母感受到被接纳的感觉,继而让这种接纳,在父母与孩子之间传递。

3. 家庭成员之间更紧张,还是更和谐

亲子关系。当所谓的专家出面,试图以示范"好妈妈""好爸爸"的方式呵护孩子的时候,家长就被挤到了"坏妈妈""坏爸爸"的那边。孩子对自己的父母产生越来越多的不满,父母也对孩子越来越无奈。

夫妻关系。给孩子报名参加"专业机构",往往是家长当中比较焦虑的一方的决定。如果另一方不那么焦虑,认为父母的成长是对孩子最好的教育,而不是把孩子送出去交给"专业机构"才踏实,

那么这对夫妻则会因为是否让孩子继续在"专业机构"里学习产生分歧。如果一方坚持，一方反对，则造成了夫妻关系紧张，徒增烦恼和矛盾。

我经常告诉学员或者来访者，无论是心理咨询师还是家庭教育指导师，任何外界的力量仅仅可以作为暂时的拐杖，在我们还不能够很好地独立面对问题和困惑的时候，提供一个支持和辅助的力量。但是，这样的辅助一定是暂时性的。

健康的帮助，是帮助家长找回自身的力量感，最终习得自我觉察的能力，是让家长有信心做一个合格的家长，让家长相信孩子能够健康成长。

很多学员喜欢持续上我的课程，如果他们成长得足够好了，我会主动告知他们可以停止了。固然他们继续报名可以增加我的收入，但是唤醒他们内在的力量才是我的初衷。

正因为我以诚相待，学员们也给予我更多的爱，她们会在我感冒生病时和怀孕期间，从全国各地寄来各种特产和礼物。有人甚至心疼我故意不交作业，因为我会对学员的作业做一对一的语音点评，这个学员不交作业是希望减少我的工作量。他们也会源源不断地介绍身边的朋友与我认识。

能够见证学员的成长，激发他们内在的力量，看到他们的幸福指数不断提升，也是我最大的幸福。

第四章

先爱自己，水满自溢

当一个人不够爱自己时，给予他人的爱难免会带有委屈和控制；当一个人足够爱自己时，给予他人的爱充满了无私和自由。

好好地爱自己吧，先斟满自己的杯子，先让自己心满意足地幸福快乐，再去好好地爱他人……

引　言

　　我们曾经那么努力，想要好好爱家人，爱孩子，爱朋友，到头来却发现彼此伤害。那是因为我们未曾爱过自己。

　　爱就是杯子里的水，水满自溢。

　　那些努力想给予，最终不自觉地演变成对他人的控制、指责，内心充满委屈的人，这一切不是你的错，那是因为你的杯子里已然干涸，没有水滴。

　　如果你想对世界温柔以待，请先学会爱你自己吧！

01 与马加爵相遇

这些有关马加爵的文章写于 2009 年，在我的第一本书出版时，我也把这些文章交给了编辑，他很喜欢，但是因为这部分内容不完全符合家庭教育的范畴而最终忍痛割爱。

如今是 2019 年，十年过去，我还是觉得我对马加爵相关事件的分析，有必要分享给大家，所以有了这一小节内容。

分享马加爵的事件并非想掀起这道伤疤，而是希望有相似经历的人能引以为戒。

十年前，我读大三，已经笃定将来要从事与教育、心理相关的工作。凭借心底这份对心理学的热爱，一有时间我就去学校的图书馆阅读和借阅与心理学相关的书籍。

当时，我一边读着《揭开无意识之谜》（张明主编，科学出版社 2005 年版），一边无意中了解到马加爵的案例，我的内心被震撼了，为他生命的陨落备感心疼与惋惜。

当我用了几天时间，搜集完诸多与他相关的资料，反复地看了他的信后，再反复体会《揭开无意识之谜》一书中写到的人格结构理论，就一气呵成地写完了这些文字。

那个时候的我仿佛是无师自通的，如今在课上给学员讲人格结构解析的时候，我仍然会借用这个案例。很多学员说之前自己也看过人格结构的相关内容，有些学员也听别的老师讲过这部分内容，但是唯独听我结合马加爵的案例分享的时候体会最深。

每每现场邀请学员朗读马加爵临刑前写的信的时候，总有学员潜然泪下，很多人从中看到了自己的影子。

我知道马加爵的时候，他已经离开人世。在此，抛开法律的层面，谨以此文献给马加爵这个自强不息的灵魂。

下面是在 360 百科上搜到的马加爵的相关资料。

马加爵（1981 年 5 月 4 日—2004 年 6 月 17 日），男，汉族，广西南宁宾阳人，云南大学生化学院生物技术专业 2000 级学生。事件发生时，他户籍地为广西壮族自治区。

◇ 1999 年至 2000 年读高中，成绩优异，曾获得全国奥林匹克物理竞赛二等奖，被预评为"省三好学生"；

◇ 2000 年高考，以高分考取云南大学；

◇ 2004 年 2 月 13 日至 15 日晚在宿舍连杀四人，引发了轰动全国的"马加爵事件"。

◇ 2004 年 6 月 17 日被执行死刑，终年 23 岁。

相关事件：

◇曾经有同学在他的被子上撒尿。

◇同学让马加爵洗同学衣服，说给他1元钱，马加爵没钱只好选择洗衣服挣钱。

◇一生中穿过的最好的衣服——囚服。

◇5000元学费，从家到学校借了一路。大学期间没用家里一分钱，全靠自己打工。

◇马加爵拒绝4位律师免费做无罪辩护，原因是他只求一死。

马加爵在临刑前写的信

春城的春天下着雨

有着一丝凄寒的风

我望着生锈的铁窗

我想起了我可怜的父母

为了供子女读书

他二老起早摸黑在田里干活

还点着蜡烛为人熨衣服，5毛钱一件

那次我母亲掉了一百块钱

她心疼地说那是熨了两百件衣服赚来的钱呀

我看着母亲伤心的样子

就把自己做苦力赚来的一百块钱丢到地上

对母亲说：妈妈，你的一百块钱在这里！

妈妈露出了一丝苦笑

其实妈妈知道是我丢的

我不怕一个人独自吃苦

我不忍心父母看到我吃苦

读大学几年我没问家里要一分钱

我总希望父母不要为我操劳

他们年纪大了

辛苦了一辈子

怎么忍心增添他们的负担呢

但学费是高昂的

我必须自己去卖苦力

耽误学习也是没办法的事情

我一个人默默地做苦工

我一个人偷偷一天只吃两个馒头

冬天其实我更怕冷

但是为了节省洗热水澡的几块钱

我整个冬天坚持洗冷水澡

我冷得直打哆嗦

我微笑着对同学说

我们年轻人需要锻炼身体

那天我没鞋子穿

我不好意思去上课

直到学校发了点救济

我才买了双便宜的拖鞋走进了课堂

我家一直很穷苦，我在穷苦中长大

我从小就体味到家庭的艰辛

幼小的我便心疼父母的辛苦

只想通过小手减轻父母一点点负担

我说：爸妈，你们辛苦了，我做好了饭，你们快吃吧！

我一直努力读书

村里的邻居以及中学老师

都知道我是个吃苦好学、斯文老实的学生

我中学拿过全国奥林匹克物理大赛二等奖

我上了高中受过歧视而闷闷不乐

可是在接近高考的那几个月

我顶住各方面的压力奋发苦读

就这样我一个穷困的学生考出了优异的成绩

我高考的成绩超过我们广西当年重点线50多分

完全可以上名牌大学武汉大学、哈工大之类

可是我考虑到那离家远费用更大

所以选择地域较近并且消费水平比较低的云南大学

我充盈着希冀

一个农家的孩子

蕴含着淳朴老实本分

来到了云南大学

当我看到毛主席书写的四个大字

"云南大学"

我的心激起一阵阳光的涟漪

我立志一定好好继续努力

学好专业找个好工作

可以好好报答父母

改变穷苦的命运

也好好用自己的知识

来为社会为国家努力工作

认真做个受人尊重的人

做个对社会有贡献的人

进入大学以后我怎么发现

大部分人不爱读书

每天晚上谈女孩子

哪个女孩子性感漂亮

和哪个女孩子做爱更爽

有钱的同学则大胆地找起女朋友来

大摇大摆地在学校旁边租房子同居

大家都爱玩电脑游戏

大家都嘲笑我是个土包子

这个不会那个也不会

于是我为了和同学打好关系

我也学会了玩电脑游戏

玩游戏比他们更厉害

我以后更乐衷于玩电脑了

我还自己用打工的钱以及借了部分钱买了台旧电脑

我很大方

我的电脑同学们随时都可以玩

我很希望和同学们和睦相处

时间很快

大学过了几年

我暑假寒假基本都不回家

都在昆明做苦工赚钱

我还慰藉父母

爸爸妈妈我在云大过得很好

老师还经常约请我到他们家去做客呢

其实我每次说这样的话心里都是虚的

我有时候没钱就打一份饭吃上两天

经常一天吃两个馒头就过去了

我从不怕苦也不怨恨谁

我更没因为没钱而想到去偷去抢

我很坚强

我为自己骄傲

我对得起父母

我对得起自己

我对得起同学

我对得起社会

可是总有那么些同学总有意无意地歧视我

有时候说些话很伤我的心

他们觉得我的穿着打扮很怪

他们觉得我的举止很怪

我开始悄悄地打工

我不想被人家看成异类

好在我自以为有几个好老乡、好同学

这样我才能不去理会那些同学的歧视与人格蔑视

大学很多男生都在大胆地追求自己喜欢的女孩子

很多男生都谈恋爱了

我在这种氛围下加上几个同学的怂恿

也大胆地写了一封情书

交给了我暗恋许久的一个女孩子

由于我的模样不好看

加上又没钱

人显得很土气内向

那女生毫不留情地当着许多人的面

把我那封用真心诚挚镌刻成的信撕个粉碎

我只是内心痛苦了下

我也并没有怨恨谁

我只觉得自己确实条件不行配不上她

我对父母也是这么说的

我有自知之明，我不谈恋爱

况且大学生应该以学业为重

时间过了很快

快到大学毕业了

只剩一个学期就毕业了

最后一个寒假

我依旧没有回家

依旧在昆明做苦力

离开学还有几天

有些同学提前来学校了

大家可能都是为了找工作所以提前回学校我很开心

因为整个寒假我一个人多么孤寂

我不怕吃苦

但是人是很怕寂寞的

当我看到同学们时我很热情

他们为了打发时间约我打牌

我很乐意地接受了

其实我们原来也经常玩牌的

其实无须掩饰

我智商真的比较高

所以打牌经常赢

几个同学都怀疑我作弊

我坚持说没有

谁知道那三个我自以为平时没有歧视过我的同学

以为一直平等对我的同学

竟然恶语伤我，践踏我的人格，

还揭露了我以前的许多伤疤，

包括那女生撕毁我情书的事情

什么苦楚什么贫苦什么艰辛的生活

我可以忍受

其他人歧视蔑视我

我也可以忍受

可是我这几个平时稍微好点的同学竟然这样残酷无情地践踏、
践踏我的人格尊严

原来每个人长期以来一直这样

凶悍地歧视我

残忍地嘲笑我

我的心很痛

我的泪悄悄地落下了

我是一个坚强的人

我不曾被艰辛贫苦生活打败

可是当我的人格尊严被人糟蹋得不成样子的时候

当我的过去的伤痛被人再次拿出来嘲讽的时候我的心滴血了

践踏我的竟然还是平时关系稍微好点的同学以及老乡！

我在这种氛围下再也难以立足了

是他们残忍地对我

是他们不给我活路

他们没有给我留后路

他们淋漓尽致地侮辱完我后

居然还那样嚣张与快乐

因为他们生活条件还是比较好的

他们还有资本去玩女孩子

我伤痛的心找不到归处！

总浮现出他们淋漓尽致侮辱我的样子

我没有退路了我决定玉石俱毁

我决定给那些歧视穷苦人、蔑视穷苦人的人一个教训

我决定给那些无情践踏、残忍蹂躏穷苦人人格尊严的人一个

教训

我本来习惯被人歧视、被人蔑视的

可是这次他们表现得实在是太淋漓尽致了

他们嘲讽时刻的无情

他们侮辱时刻的面孔可恶

让我下定了决心

终于我买了一把石锤

结束了他们几个人的生命

于是我逃跑

我想没抓到我

我以后到一个

没有歧视侮辱的地方重新做人

万一抓到就一死百了

我是不怕死的我只想死刑

我不愿意被判无期徒刑

因为那样会给我父母带来压力！

许多人现在都说我是杀人恶魔

都说我杀红了眼

其实说心里话

我只想杀那些无情踩蹦糟蹋别人人格的人

我并不想伤及无辜

当我另一个同学来找我的时候

我并没有杀他

因为在我最穷困的时候他并没有歧视我

反而打饭给我吃

我深刻懂得人间真情的可贵

我曾对自己说：滴水之恩，涌泉相报

我一定会报答这位同学

可是我现在留下了一个永远的遗憾

我没有机会报答这位同学了！

但我最后想送一句话给我那位同学：好人自有好报！

我听到飘曳进来的歌声了

好像是《梦驼铃》

多么熟悉的旋律呀

我想起了经常帮助我家的十四叔、十四婶来了

我们那个家虽然很穷

但是大家都很互相关怀

大家都感到很快乐

没有歧视与蔑视

从来不知道什么是人格践踏

我很想像陶渊明那样

就永远生活在我那个村子里

天天看着清澈的流水

望着袅袅的炊烟

写着清新的诗歌

呵

那多美好呀

可是现在——

只好等来生了

爸爸妈妈，对不起了

儿子不孝

儿子来生一定让你（们）过上好日子

警察又来提审我了

我总听到外面摩托车的声音

为什么总是那么飞扬跋扈

我怀念十哥开的摩托修理店

在我印象中那是很赚钱的

十哥骑摩托车很英姿飒爽

那摩托车的声音是

那样的婉转清脆！

我仿佛又坐在十哥的摩托车上了

慢悠悠地行走在

我可爱、纯朴、亲切的家乡

02 我对马加爵案例的解析

如果没有读过马加爵自己写的文字，仅凭新闻报道中对案件的描述，我们听到"马加爵"这个名字的时候，很容易把他同杀人恶魔、自私、冷酷和邪恶等词汇联系到一起。

读完他写的文字，却可以在他身上发现诸多的优秀品质：孝敬父母、关爱亲人、体贴懂事、积极进取、自强不息、艰苦朴素等。

但是，是什么使他变得疯狂：在三天之内他连杀四人？正如马加爵在忏悔信中提到的：事出必有因。因素有很多，他不健全的性格、极度贫穷的成长环境和大学里诸多同学的侮辱蔑视等共同造成了悲剧的发生。

严重的自卑情结

相貌丑陋、家境贫寒很容易使人在潜意识里形成自卑情结。由于马加爵小学、初高中成绩优异，而且，父亲亲友给了他温暖的关爱，这个自卑、敏感的男孩内心得到了一种平衡。尤其在师长的鼓励下，他把自卑转化为一种积极的动力，在学习上锐意进取。因此在高中的成长过程中他没有太过异常的行为举动。

但是，自从他离开家乡，步入大学生活后，这种平衡被打破了。陌生的生活环境与过去充满温情的环境迥然不同：在冬天温度比较低的时候，他宿舍的同学出一块钱要求马加爵给自己洗衣服；还有同学在他被子上撒尿；他常常吃不饱饭，还要忍受来自同学的鄙夷和蔑视……

马加爵在其忏悔信中写过这样一段话：

> 写到这里我真的很痛苦。可以说这"天之骄子"的身份是国家给予的，也可以说是我个人经过十二年努力奋斗而得来的，但我当初怎么就轻易地毁了这一切呢？那四名被害者也和我一样，家里都有父亲母亲，兄弟姐妹，也和我一样经历了多少年的寒窗苦读，也和我一样对未来充满期待。但我当初怎么就那么轻易地毁了他们呢？人云：凡事都是有原因的，又说：事物的发展总有内因和外因，而内因是占主导地位的，所以现在每天我都努力思索，试图从自己身上寻求

原因，一个合理的解释，但此刻我亦很糊涂，只能说当初很偶然！

心理大师荣格说过："今天人们似乎都知道人是有情结的，但是很少有人知道情结也会拥有我们，一旦情结拥有我们，就是心理病症的开始与表现。"

我对这句话的理解是，当一个人被情结所控制的时候，便失去了理智，从而被情结所控制。此时的行为则是失控的，外界的刺激越强烈，这种失控的行为可能越过激。

小事无限放大

人自卑的时候，内心缺乏安全感和归属感。

外在表现朝两个极端发展：一种表现形式就是生活中自我封闭，极力掩饰自己的缺陷，逃避现实，形成退缩反应；另一种则是过度补偿，极度寻求其他方面的满足为自卑做掩饰，一旦有机会爆发则不可收拾。

自卑的人内心通常是敏感的，常常对发生过许久的小事记忆犹新，对一些给自己内心带来触动的事更是耿耿于怀。

新东方创始人俞敏洪，曾在一个访谈类节目中谈及自己大学时的自卑。刚入学的时候，同寝室一个同学在看《第三帝国的兴亡》，他上去问了一句："上大学要看这种书呀？"遭到了这位同学一个白眼。同学之间一个表情或许不是每个人都在意，可对于当时自卑的俞敏洪，这个白眼却让他刻骨铭心。在以后的日子里，他不但将《第三帝国的兴亡》读了三遍，还读各种书充实自己。

或许，这个白眼很可能是个不经意的动作，却对自卑的俞敏洪产生了如此大的影响。成功人士自卑时候尚且如此，处处遭人唾弃的马加爵就更难规避自卑的特性：将一件微不足道的小事无限放大。

亲近的人的伤害是毁灭性的打击

法国的新喀里多尼亚岛是一个猕猴的天堂，一位叫波阿西的工作人员是一位拥有丰富工作经验的驯猴专家，猕猴们与她非常要好。可是一个微小的错误却使她失去了心爱的工作。仅仅因为她的女儿想要几根猴毛做生日礼物，波阿西满足了女儿，从一个猕猴身上拔了几根猴毛。

万万没想到，此后所有的猕猴再也不吃她投放的任何食物。每次她一出现，猕猴们就立即尖叫互相提示危险的来临。波阿西怎么也想不到，几年来对猕猴们无微不至的关怀进而与猕猴建立起的情感，竟因为区区几根猴毛毁于一旦。猕猴们为何这般小气？

事实上，猴子的天性和人类的很像，它们可以承受来自大自然的任何灾难，却无法忍受来自朋友的细微伤害。我们人类在面对自然灾害或陌生人的攻击时可以团结在一起毫不畏惧；可是来自亲近的人的伤害却是致命的打击。

仔细读马加爵在临刑前写的信，会看到他曾先后四次提到：

"我自以为稍微好点的、没有歧视的……"

这四个被害者都是平时他以为的好老乡、好同学。

在大学里，马加爵没有朋友，他面对的更多是冷眼相对，这几个稍微好点的老乡、同学，对马加爵来说意义非同小可。因为他们的存在，马加爵才有了面对生活的勇气，才能够将他人的歧视与嘲讽置之不理。是他们的存在给了马加爵支撑的力量，他才可以不用理会别人污蔑性的闲言碎语。

马加爵的大学生活痛苦不堪，他总是感觉活在别人的蔑视下。而与这几个老乡、同学的友谊，成了马加爵无助内心的避风港湾，让这个敏感脆弱的人在这样一个冷漠的环境里找到一丝安全感。

能伤害我们的人，恰恰是能给我们安全感的人。

这几位平时的"好老乡""好同学"对马加爵的冷嘲热讽，使得马加爵在大学里最后残存的一点美好也消失殆尽。马加爵对他们可谓倾注了全部真情，换来的是无情的辱骂和人格的践踏，原本脆弱的内心实在不堪一击，心理防线崩溃，他选择玉石俱焚……

当然，贫穷的人很多，自卑的人也很多，面对别人歧视报复手段如此残忍的确实罕见。为什么一个原本坚强、上进、吃苦、孝顺的孩子犯下的罪行如此匪夷所思？这就不得不提到人格结构。

人格结构解析

弗洛伊德是奥地利精神病医师、心理学家，他创立了精神分析学派，并提出了的人格结构理论。

他认为人格有由本我、自我和超我组成。

【**本我**】是人格中与生俱来的最原始的无意识结构成分，一个刚出生的婴儿就是纯本我结构。本我以快乐为原则，且要求即刻满足。婴儿想吃就得吃，想拉就拉，不分时间场合地点。

【**自我**】是在本我的基础上发展起来的，是人格结构中管理和执行的机构，从小婴儿开始，随着年龄的成长发展出自控力。一方面用来协调自身与环境的关系，另一方面用来协调本我与超我的关系。

【**超我**】是在自我形成之后，将父母的教育或社会需求吸取到自我中，代表良心、社会准则和自我理想，按照至善原则行事。

举一个简单的小例子：一个人开会的时候，肚子饿了。饿的信号是本我发出的，超我会有一个信念："开会的场合是不能吃东西的。"自我要做的事，就是一边跟本我商量说，超我说了正开着会呢，现在不能吃；一边跟超我商量，本我那边已经饿了，记得散会的时候让本我马上可以吃饱哦。

按照弗洛伊德的观点，健康的人格就是以自我为精神主体，一边使本我的欲望适用于超我和现实的需要，一边又不断地满足这种欲望。自我的作用就是使本我和超我达到协调一致的动态平衡。

本我被快乐原则所支配，特点是无节制的满足感和随时实现，而不考虑其后果，这种快乐特别指性、生理和情感的快乐。

长久以来，马加爵都用强大的超我，压抑着本我的欲望和需要，忍受着常人无法忍受的艰难，而一直忽视自己作为人的本能欲望和需要。

下面总结几点马加爵长期对立无法协调的本我与超我。

本我	超我	自我
渴望吃饱、穿暖	父母不容易，不能向父母要钱	有时每天只吃两个馒头，有时没有鞋子穿
过年过节想念家人	要留下来赚钱	寒暑假都不回家
想洗热水澡	洗冷水澡可以省钱	骗别人说是为了锻炼身体
想谈恋爱	学业为重	压抑自己的情感
想去心仪的大学	要减少开支	就近选择云南大学

他的本我也需要像身边同学那样衣食无忧，不再时常忍受饥饿的折磨；他也需要情感，亲情、友情、爱情，得不到这些温暖的情感的时候，他只能独自舔伤；在死亡面前，每个人都有求生的本能，可是超我强大的马加爵却依然考虑的是判无期会给父母增添负担，从而选择只求一死。

他的本我与超我长时间无法协调一致，在现实面前永远都是本我做出妥协和退让，在强大的超我面前，自我长期忍耐与克制。本我和超我的长期无法调和，使马加爵时常陷入痛苦的挣扎中，长期积压于心中的情绪无处释放。

最终，在应激事件的刺激下，压抑多年的他在心结的驱使下，不由自主地爆发，爆发得如此迅猛，如此可怕。

其实，可怕的从不是人类的本我，每个人都有生物本能，而这本能并不以人的意志为转移；可怕的是永远不变的超我，将一个人挟持成了没有丝毫弹性的机器。

很多痛苦，源于超我过于强大。

作为心理咨询师，我接触了非常多的来访者，在开设微信课程的过程中，也接触过非常多的学员。他们之所以愿意花钱来成长自己，多半是因为他们处在比较痛苦的时期。而导致他们痛苦的通常是因为有着强大的超我。

有一位来访者出生的时候已经是家里的第四个女儿，而父母一直盼望生一个儿子。从小她就觉得自己是多余的，知道父母不喜欢自己。所以，努力证明自己不比男孩差，也接纳不了自己的孩子比别人差，进而导致她每天在工作中战战兢兢，如履薄冰，与孩子的亲子关系也异常紧张，根源都是她高高在上的超我。

有一位学员因为自己小时候是留守儿童，在爷爷奶奶家常常被忽视。所以结婚做了母亲之后，她宁愿跟老公长期两地分居，也要一个人在老家带两个孩子，生怕自己的孩子成为留守儿童。甚至很多时候自己累了、病了，明明公公婆婆可以帮忙照顾孩子，她也不敢放手，担心自己的两个孩子受委屈。但是她却长期看不到自己渴望跟老公生活在一起的需要，总是为了孩子委屈自己。

在我上大学时，有一位同系的同学跳楼自杀，结束了年轻的生命。自杀前她留有一封遗书，遗书中她写她选择死亡的最重要原因是一门功课不及格，担心影响毕业，对不起父母的养育。她觉得自己早点离开，就不用父母再辛苦付生活费和承担助学贷款了。超我的高高在上，做出的选择常常是极端且令人痛惜的。

健康的人格——动态的平衡

健康的人格绝不是像马加爵一样长期按照利他的超我行事，而是让自我能够游走在本我与超我之间，实现动态的平衡。

很多人经常阅读公众号中的鸡汤文，希望自己成为一个自律的人，逼着自己每天坚持去做一些所谓的积极的事，但最终的结果常常是半途而废，殊不知那些看似高度自律的人日复一日地坚持做一件事，不是逼迫自己，而是缘于骨子里的热爱。

从很小的时候我就觉得"头悬梁锥刺股"的励志故事是反人性的，因为学习也好，工作也罢，好的结果不仅仅靠逼自己，发自内心的热爱也很重要。

我也曾经逼过自己，但凡逼自己做的事情没有一件能够坚持到底，但是自己内心喜爱的事情，根本无须逼自己，每天只要有时间都会迫不及待地投入其中。

就像鲁豫采访《三体》的作者刘慈欣时，鲁豫问："你是怎么做到让自己坚持写科幻小说的呢？"

刘慈欣说："做自己热爱的事情不需要坚持，不让我写才得坚持。"

所以，那些整天逼着自己自律而做不到自律的人，不是你对自己的要求不高，而是你对自己的要求太高。爱自己最好的方式，是知道什么适合自己，做那些让自己快乐的事，而不是逼自己做不擅长的事。

健康的人格状态是，可以使人游刃有余地生活。学业和事业上的进步是自然而然和水到渠成的，使本我与超我达到一个动态的平衡，而不是一味地用"利他的超我"要挟"利己的本我"。

③ 放下才能承担

读马加爵的故事，为他惋惜的同时，当然也反观到我自己。十年前写他的时候，就像在写自己。我们都那么积极进取，在学习上力争上游；我们都是那么体谅父母，努力做一个孝顺懂事的孩子……

前面提到过，六岁的时候，心思细腻的我，洞察到奶奶的心意，促成了父亲与继母的婚事；奶奶离世后，我更是要做一个懂事的孩子，体谅父母的不易。在即将上大学的那个暑假，爸爸出差在外，因心疼继母工作艰辛，我不但洗衣、做饭，承担了所有的家务，还在自己临走之前，把家里的电费、水费等各种费用都交齐了，为的是让继母不用再请假去做这些事。

而我自己一个人背着行囊踏上了去往大连的列车。

在大学里，我不但申请了助学贷款，业余时间还做家教和其他兼职赚钱，为的就是减轻父母的负担。我习惯了报喜不报忧，生病了不跟家里说，遇到困难也自己扛。

或许是因为我习惯了懂事，父母反而有时候像小孩子一样需要我操心。有时候打电话给家里，继母因为心里有委屈，就跟我表达对爸爸的不满；生母那边，我心疼她一个人不容易，告诉她如果手头紧了，就晚些给我汇生活费，但事实上，她晚些汇钱，我就只能靠借钱度日。

我的懂事也赢得了老师们的喜欢，一直以来习惯使然，从未感觉这有什么不好。

但是在大一下学期，我的身体向我发出了警报：我出现了脑供血不足、贫血、大量掉头发、视力迅速下降的状况，身体情况每况愈下，已经严重地影响了我的正常生活和学习，不得已我去看了中医，喝了好长一段时间的中药才把身体调理过来。

生病的时候，往往是老天给我们创造的一个自我反思机会，此时，忙碌的心得以安定下来，借此我们实现自己与自己的对话。这对我来说是一次前所未有的体验，我花时间静心去连接我自己，去体会这次生病对我的意义。过去的十几年里，我首先想到的永远是他人，心里没有装过自己。 /137

我纵然爱着我的父母，但是我更需要看到我自己的不易。

其他同龄人小时候还依偎在父母的臂弯里，我就要靠自己的肩膀去迎接风雨的洗礼；别人家父母惦记着读大学的孩子有没有吃饱穿暖，而我，却要在电话里，给吵架的父母断官司；别人的家庭，会紧着孩子的用度，而我节衣缩食，在食堂打饭的时候，从来不会想自己爱吃什么，而优先考虑吃什么便宜……

我更明白了"冰冻三尺，非一日之寒"的道理。

高中的时候，为了从有限的生活费里省钱给爷爷买东西，我就经常中午和晚上只吃一份米饭，半份土豆丝。

一方面因为常年的省吃俭用营养匮乏，更重要的是永远操心着父母的喜怒哀乐而心力交瘁。毕竟我也只是个孩子。

有了这些反思之后，我明白身体是革命的本钱，不能再这样下去，于是，我把自己的感受分享给父亲母亲。

我给继母写信，继母含泪把信读完，并写了一封长长的回信给我。这次敞开心扉的交流，不但让我感受到了她对我深深的爱，还解开了我们多年前的一些误会。从此，继母再也不跟我抱怨父亲的不是，而是更关心我的身体。

我给生母发短信，告知她我的近况，生母从那以后，总是及时地汇生活费给我。

从这些沟通中我发现，在中国，很多孩子过早懂事：他们因心疼父母而过早地独立，在父母面前永远假装强大，从而可能一辈子错失了享受作为孩子的那份快乐！

另一方面，很多父母，被孩子惯得越来越像个孩子，依赖、自私和不担当，这也是我在《爱的觉醒》里写的"心理反哺"文章引起诸多共鸣的原因。

我曾经也在心里抱怨过父亲的不担当，但事实上，根源是我没有站在女儿的位置上，他当然不知道如何像父亲一样给予我保护和关心。

当父亲得知我头疼之后，不善言谈的他真的是一天一个电话……很多时候，我们这些"懂事"的孩子，虽然心底渴望父母的疼爱，但是行为层面却未曾给父母提供关心我们的机会。

虽然这次身体亮红灯的经历让我懂得了不要总是伪装得那么强大，但是心里对父母的心疼与感恩依然强烈，我曾经特别希望通过自己的努力，早日让父母住上楼房。

但是，一方面我选择心理学行业，收入有限，另一方面还要不断地投资成长自己，在北京承受高昂的房租和日常开销实属不易，实在没有过多的积蓄。那个时候，常常在心里谴责自己。

非常幸运的是我在 2013 年遇到了郭老师，虽然我们之间仅有那么一次畅谈，但是她让我明白了一个道理。

她是我工作过的一家心理机构的创始人，与我父亲同龄。她会在我们入职之后，去了解每个员工的状况。

当她跟我聊天，得知我一心想着给父母买房子，想着帮助公婆还债务的时候，她说："孩子，像你这样的年纪，不要想着做一个救世主。因为你羽翼未丰，你爱你的父母、体谅你的公婆这很好，但是，爱他们的前提是你有足够的能力。你才二十多岁，刚毕业没多久，在中国的普遍情况是，这个时候父母已经有了一定的积累和积蓄，应该是他们帮助你才是。他们没有积累不能帮助你，其实你已经很不容易，你没必要过早地去替他们分忧。不然当你到了中年的时候，就被压垮了。"

郭老师语重心长的劝说让我明白了一句话：放下才能承担，空才能有。

就像马加爵一样，他的悲剧不在于他不好，他的悲剧恰恰源于他太懂事了，他太过压抑自己。

过犹不及，物极必反。

我也是从那时起才理解了什么叫水满自溢。

一个人只有足够地爱惜自己，才能保证自己健康、有力量，进而才有余力去爱父母，爱孩子，爱家人。

从小察言观色、替他人考虑、替父母操心，十八岁的时候我病了；总想在物质上替父母分担，未能实现的时候，心里总是对自己不满意……最终，我发现先把自己的生活过好了，才是对他们最好的爱。

当我不再操心他们的事情的时候，他们也各自成长了。

把一个人本该承担的交还给他本人，是对这个人最大的尊重。

04 入侵者与被侵入者

与生母的关系，我思考了很多年。

她能够省吃俭用，把自己心爱的项链卖掉供我读书；她也能背着沉甸甸的锅碗瓢盆，从山东淄博带到北京给我；她甚至还坐高铁给我带过几十斤的大米……她愿意把最好的东西给我，她是爱我的。

但是，这些年，我们在一起相处的日子，总是免不了各种磨合。直到最近我才意识到，原来，很多年里我们的关系都是"入侵者"和"被侵入者"的关系。

她过去经常说："你对你婆婆和你继母都比对我好。"

我解释了很多年，我说："你们都是妈妈，都很不容易，我对你们的爱是一样的。"

后来我开始愤怒，我愤怒于自己的解释。我就是爱继母、爱婆婆多了，怎么了？

爱是关系银行里流动的财富，继母和婆婆给我的爱是无条件的，我也愿意无条件地爱她们。可是妈妈给我的爱是有条件的，虽然她渴望无私地爱我，但是她的条件是她自己都不自知的。

她委屈着自己，好东西舍不得用，统统给我邮寄到北京，或者她亲自带来。

如果这个东西我因用不上而送人了，她会跟婆婆抱怨说："这孩子过日子大手大脚的，啥好东西都给人。"

如果这个东西我用坏了，她会说："这孩子用东西不仔细，给她啥都能用坏。"

如果这个东西我弄丢了，她又会说："这孩子过日子就像熊瞎子掰苞米，掰一穗，丢一穗。"

听了她这些话，我真的会愤怒好久。我心里的声音是："你给我的东西，我送人不行，用坏了不行，丢了不行。那怎么样才行？"

为此我曾经搬了新家都不告诉妈妈地址，因为她给的东西我要不起。

后来我逐渐反思，妈妈之所以对物品这么在意，是因为她对自己太苛刻，太委屈。她视若珍宝的东西，她舍不得享用，毫无保留地给我。看到我用东西不如她期许的那般仔细时，她的委屈就升起了。

当我觉察到了这些之后，我跟妈妈开始约定，以后她先照顾好自己，有富余了再给我。

这就是我们前面说的水满自溢的道理。一个人如果不能好好爱自己的话，那么 Ta 也是无法给他人真正无条件的爱的。

当一个人以爱的名义给别人东西，别人在支配这个东西的过程中，如果这个人内心有情绪，那么这种给予只是披着"爱的外衣"的控制。一个人在给予的时候，可以做到毫无所求，任由对方支配，这爱才真实。

妈妈小时候是家中长女，五岁的时候就要照顾弟弟妹妹，弟弟妹妹犯错她就要被父母惩罚，她五岁以后就没再做过孩子。童年经历了这些的她确实很不容易，所以她心里住了一个委屈的孩子，这个孩子一直想对自己的父母说："凭什么你总爱他们不爱我，我就那么不值得爱吗？"但是，她却一直没有机会说出口。

于是，当她长大了，在婚姻里，她跟自己的婆婆起了争执，她对他的老公说："凭什么你总是向着你妈，而委屈我？"

跟我在一起她会说："为什么你对你婆婆和继母都比对我好？"

她对我说出这句话的时候，我真的好不舒服，用了很多年的时间，我才理顺了这层关系。妈妈对我的指责是越界的，我跟婆婆好，我跟继母好，那是我跟她们的关系，妈妈是无权干涉的。

爱是付出，不是索取；爱是给予，不图回报。

妈妈是爱我的，也想爱我。或许是她太需要外界的认可了，或许是内心深处她对自己有太多的不满了。她特别需要我给她认可，从而让她自己舒服。

但她越是有这样越界的要求，我越是想逃离。因为，我不希望我与他人的关系被干涉，我有我的自由。可惜，过去很多年因为贪图那份母爱，我总是试图去修复母女的关系，越是渴望亲近，越是彼此伤害，以至于我们每一次相处的结局都是不欢而散。

表面上我讨厌妈妈的侵犯，实际上我恨的是自己。恨自己没有界限，总是给妈妈侵犯我的机会。

一个人如果对一件事耿耿于怀，表面上是愤怒于对方的行为，实际上是对自己不接纳，恨当初软弱的自己，给对方留了太多余地。

正是因为与妈妈的关系，让我体悟到了人际关系中的入侵者与被侵入者。

入侵者的特点是：需要别人为自己的行为负责，为自己的情绪买单，自己生气了都是他人的过错。

被侵入者的特点却是：自己的时间、空间、情感界限不断被人侵占，经常为别人的情绪负责，总担心自己的行为导致他人的喜怒哀乐。

电视剧《欢乐颂》中的樊胜美，在原生家庭中是典型的被侵入者，而她的父亲、母亲、哥哥、嫂子都是入侵者。他们在金钱上把樊胜美当成全家的摇钱树，全家人都像没有自生能力的寄生虫，从樊胜美这里"吸血"。

之前樊胜美不懂拒绝，或许是因为她习惯了懂事，习惯了被索取，也或许心里一直暗自希望，通过自己的懂事向父母证明："我比你们那个不成器的儿子强多了。"

因此，她毕业多年工作努力，却因为把大量的收入寄给家里，

144/

只能与刚毕业的女孩合租在一起；她收入不错，但却没有积蓄甚至负债累累；她爱慕虚荣却只能买高仿名牌，而把真的偷偷卖掉换钱。

最终，在大家的帮助下她逐渐学会斩断这种寄生的关系，她才开始有了自己的存款。但是在人际关系中相互侵入是她习惯了的模式。

一个人，时常在入侵者和被侵入者之间切换。在她与王柏川的爱情中，她便成了入侵的一方。商量婚事时，她要求对方一定要买房，以缓解自己的不安与焦虑；有压力的时候，她会把情绪发泄到男友王柏川身上，这些都是入侵者的表现。

那些整日里都觉得是别人的行为惹自己生气的人，就是典型的入侵者。他们期待对方的行为让自己满意，却看不到自己的期待才是情绪之源。

入侵者与被侵入者是天然的组合，我们常常看到人际界限的相互侵入。

一个学员在课程中分享了自己的成长：鲍阅老师，今天上午，我带妈妈去做美容。但是在美容店里，她表现得非常不高兴，她一会儿挑剔美容师身材不好，一会儿挑剔我要减肥应该少吃点，何必把钱放在美容店这里。我听了之后也很不高兴。

在做完项目之后，她突然跟我说："你的钱就知道乱花，之前你借我的钱，以后你要按月还，每个月要给我……"如果是以前的我，听了这些之后肯定不高兴，然后会大吵一架。但是这几次听了鲍老师的课，我知道那个时候她的愤怒情绪不是因为我产生的，是因为她自己内在的东西产生的。

我就说："妈妈，你有这样的情绪肯定是有原因的，不会无缘无故，我们来分析一下，你是不是觉得我享受了，而你自己在省吃俭用，觉得不公平？"

她回答："是的。"

我说："你的不舒服不是我造成的，而是要问问你自己，为何不能接受女儿花自己的工资来享受这个事实。"

当时她不太明白，但是我心里清楚，妈妈一直非常节省，甚至苛刻自己，所以妈妈一旦看到我享受了，她就心里不舒服了……

踏上心灵成长之路以后，我真的感慨很深，我们没有办法选择父母，但是在接纳他们的同时也要知道如何调整自己来应对他们的情绪。

入侵者和被入侵者没有本质差别，并非被侵入者就可以站在道德高点的那一边。被侵入者一直沿袭自己的模式，一直给他人留有入侵的机会，那是因为他们内心深处是有所图的。

樊胜美图的是被认可：爸爸妈妈，我一直很努力，我其实从来不比你们的儿子差。

我被妈妈入侵的那些年也是有所图的，我图我们关系亲近，我图一个好的赞誉。我渴望听到别人说："你看人家鲍阅，从小跟妈妈分开了，不但没有怨言，还对妈妈那么好。"而且我也被传统的孝道绑架着而不自知，会觉得毕竟是妈妈十月怀胎生了我，我要报生育之恩。

正是因为心中有所图，才给了妈妈一次次侵入的机会；正是传统的孝道绑架，我不舒服了但是不能反抗，因为那是我亲妈。自己的界限模糊不清，内心的感受一直委屈不断。

只有看到了背后的所图，从这些限制性信念中挣脱出来，入侵与被侵入的状态才可能从根本上改变。

其实，我与妈妈之间最大的矛盾是卫生标准不一致，生活习惯不一致。她是那种特别特别爱干净的，而我在生活中是比较随意的。她追求极致的打扫卫生的时间，我宁愿更多地陪孩子玩玩，自己读读书，写写文章，钻研摄影。

我跟先生都喜欢每周不定期地扫除两三次，平日里东西拿完也不一定放回去。妈妈是每用完一件东西必须放回原处去，而且她经常是在自己已经疲惫不堪的时候，还是强迫自己做完。当看到我们拿完的东西不收好的时候，她就开始生气。

在我清晰了自己的界限后，我与妈妈的关系变得前所未有的融洽。她在我怀孕的时候主动提出，要在我生二宝的时候，来照顾我坐月子。

我非常直接地表达了我的顾虑。我说："妈妈，我知道你是爱我的，过去我们相处过程中最大的矛盾是生活习惯不一致。照顾月子是一个辛苦的工作，如果你身体疲累了，难免有情绪。你会考虑我在坐月子，不能对我发泄，那么就只能你自己憋在心里。既然我婆婆愿意过来照顾我，我还是希望婆婆过来。等二宝大点的时候，你再来如何？"

妈妈欣然同意了。

保持健康的人际关系的前提是每个人守住自己的界限，既不做入侵者——让他人为我们的情绪负责，也不做被侵入者——处处委曲求全，平白无故为他人的情绪买单。

05 爱自己，才是爱一切的开始

古语曰"人不为己，天诛地灭"，这个"为"，是修养、修为的意思。整句话是说：如果人不修身，那么就会为天地所不容。这个解释我特别认同，我也常跟人说："前半生过得好是父母给的，后半生过得好是自己修的。"但是在这里，我更喜欢用海蓝博士的一句话来解读。

如果不活出人性本善的真实自己，必会与天地自然之道相悖，违背了自然的规律，当然是"天诛地灭"。

——海蓝博士

/149

我讲微课到现在已经是第五个年头了，但是很多老学员，从我第一次开课起就一直跟随我学习，每一期课程都没落下。

在最近刚结束的《如何通往幸福之路》的课程中，我依然让学员们把自己的情况和对课程的期待，以作业的形式提交到群里。在认真读完每个学员的作业之后，我就忍不住地把第一课的主讲内容设置成了"人不为己，天诛地灭"。

因为现代人的很多痛苦，不是源于自己不好，而是源于对自己的要求太高。

他们中有些人，从小成长在这样的环境里：父母三天一大吵两天一小吵；有些人在单亲家庭长大；也有些人的父母因为性格原因曾多次离婚再婚……

他们从来没见过夫妻间如何融洽相处，但是当他们步入婚姻殿堂之后，特别期待自己做一个好丈夫或者好妻子。他们为经营夫妻关系而努力，但是一旦自己发脾气，或是做了伤害对方的事情的时候，他们会无比懊悔。

他们中有些人，小时候是留守儿童，未曾被用心呵护；有些人的母亲早早离世，父亲的教育方式又过于严厉，甚至家暴时有发生；有些人是家中的第三、第四甚至第五个女儿，父母一心想要男孩，从她们出生开始，就因为自己的性别而不被接纳。

他们几乎从未感受过来自父母无条件的爱，但是当他们有了孩子，却一直要求自己做一个和颜悦色的父亲或者母亲。为了给孩子提供良好的教育，他们看过许多育儿书，在看书的过程中，他们发现自己的教育方式不尽如人意，于是心里就升起对自己的强烈谴责，觉得自己不够好。

其实，在无觉察成长的情况下，每个人对待世界的方式，都是自己童年被对待的样子。

因此，我们没有必要强迫自己一定对伴侣和颜悦色，一定对孩子柔声细语……我甚至不支持父母看过多的育儿书籍，因为书里教育孩子的理论众说纷纭，各执一词，甚至相互矛盾。

纵然很多育儿书籍写得有道理，但是我们每个人都不是作者本人，在许多书里作者阐述自己的育儿方式，但作者对待子女的方式更多的是源于 Ta 曾经被如何对待过，而我们无法复制。

所以，我会告诉我的学员朋友们，如果你想更好地爱家人，那么你一定要先学会爱自己。

正如一个学员发表的感言："过去一直试图做一个好母亲，每次对孩子发完脾气后都会自责好久。但是我小时候也是被爷爷奶奶吼叫着长大的，没有人教我怎么好好说话。我现在才开始跟随老师学习，所以，做的不好的时候我应该原谅我自己。"

每个人都希望心平气和，每个人都希望给家人更好的爱，前提是先学会爱自己。

当一个人感受过温柔的呵护，Ta 才有能力对他人温柔以待。

当一个人听到过鼓励的话语，Ta 才能对身边人给予鼓励赞许。

反之，当一个人在缺爱的环境中长大，Ta 不知道怎么爱别人；当一个人从小处处被指责、被打击，长大后，除了指责他人，Ta 不会其他的互动方式。

所以，我们与世界的关系，归根结底是我们与自己的关系。

我们善待自己，则有能力善待世界；我们苛责自己，则世界满目疮痍。

之前我与生母在一起生活的时候，每一次都是不欢而散的。

妈妈是很希望给我爱的，且因为错失了童年时期对我的陪伴，她格外希望能弥补回来。每次见面，我都能感觉她很用力地对我好。

她会把自己家里一切好的、能带的东西给我带到北京，她会尽自己所能多做家务，她也会努力提高厨艺给我做好吃的……

但是一起生活一段时间之后，她便会很不舒服，我也不舒服。

她会抱怨"你们的东西拿完了也不知道放回原位"，"吃饭的时候，每次都是我吃剩菜，你们也不吃"。

这些其实都不是什么大事，但是她就是备感委屈。难道真的是我们故意在跟她作对吗？显然不是。她不在的时候，我们用完的东西也不知道放回原处，可能定期做做大扫除，再把东西回归原位，这就是我们的生活习惯。

吃饭的时候，没有人强迫妈妈去吃剩菜，只不过那道菜上一顿大家就不爱吃，所以才会剩下，剩下了就更不爱吃了。是妈妈自己坚持不愿意浪费，不允许把剩菜扔掉，在她自己不是十分情愿吃的情况下，看我们不吃剩菜，而只有她自己吃，她自己就觉得委屈。

152/　　导致她生气、委屈的，从她的角度理解好似是我们的行为。但实际上，让她难受的是她那一直僵化不变的"超我"。

她的超我中有标准："东西拿完了必须放回原位"，"剩菜要吃完，不能浪费粮食"。

因为多年来一直不曾变通的"东西拿完了必须放回原位"的标准，即便很多时候她累了、困了，她还是会在自己不舒服的情况下坚持完成收拾整理。所以，她的身体里积累了很多对自己高高在上的超我的不满和愤怒；因为坚持不扔剩菜的习惯，她太多次强迫自己吃剩菜，很多时候内心都是不情愿的，所以她看到我们不吃剩菜就勾起了自己内心的委屈，而这委屈也是根源于她对自己的强迫。

她年轻的时候甚至会要求自己当天脱下来的衣服必须当天洗完。因此，她身体的疲惫感一直很强，以至于现在年纪大了，越来越力不从心。

当一个人控制不了自己的身体的时候，就会不自觉地试图控制别人。

当我也很疲惫的时候，妈妈对我把家弄乱了仍表达不满，这时我也十分反感。后来我写了一封很长的信和她沟通，告诉她，她自己委屈的根源是自己一成不变的标准，希望她学会爱自己。

从那以后我们分开了一段时间，很少联系。

再后来，妈妈终于渐渐开始学习着爱自己了。

以往因为经济条件不好，又不愿意欠人情，别人送她的好东西她都舍不得吃、舍不得用，再转送他人，或者挑好的寄给我。

继父告诉她，要她使用这些好东西。当她不再像过去那样苛责自己，过分地省吃俭用，逐渐地给家里更换她心仪的家具，越来越多地给自己买新衣服，开始吃那些以前舍不得吃的品质比较好的美食后，她整个人变得容易接纳了，人也更温和了。

再一次住在她的家里时，我的二女儿刚满月，我的身体状况还没恢复好，懒得收拾家里。但无论家里怎么乱，她都不再生气，她舒服的时候就帮我收拾，不舒服的时候就接受我的乱，我感觉她完全换了一个人。

以前她对自己要求高，衣服必须整齐有序，看我衣服不整齐就会唠叨我。而最近我回北京，临行前一天，她把我洗好的衣服整理好，并默默地带着老花镜帮我把破了的地方缝好，装到箱子里，那一刻我的心特别感动，脑中自然而然地浮现出"慈母手中线，游子身上衣"的诗句。那一刻爱在我们母女之间流淌，是那么的深沉，又那么的无言，我不想说什么，只想静静地感受这份爱，于是偷偷地躲到厨房，感动、欣喜的泪水忍不住落下来。

妈妈一直都爱我，但是，当一个人不爱自己时，传达的爱里总免不了掺杂些控制的因素。而当她学会爱自己之后，那爱是这般温暖，沁人心脾。

爱自己，是爱一切的开始。

第五章

拥抱富足，享受幸福

幸福，是活出理想的模样。

引　言

　　我的幸福指数很高，但是幸福不是因为我拥有的多，而是因为我想要的少。

　　我对物质的要求极低，我不受世俗价值观的束缚，而是每一次选择都听从内心的声音。我从不仰慕别人的奢华生活，而是关注自己拥有的一切。

　　我有一个爱我的先生，我们在生活上互相体谅，事业上彼此成就。

　　我有一双女儿，大女儿暖宝活泼开朗，小女儿甜心憨态可掬。

　　我有两个爸爸，两个妈妈，现在我们的关系都无比融洽。

　　我有钟爱的事业，可以帮助成千上万的家庭。

　　难道，这些还不够吗？

当我们抱怨自己的鞋子不好看的时候，却忘记了有些人连脚都没有。

……

珍惜并看到自己拥有的！

幸福就在心间。

01 幸福，是创造的过程

这一小节的大部分内容写于五年前，那时大女儿暖宝刚刚出生。在编辑这篇书稿时，二女儿出生不久，我在原来的基础上稍做补充。虽然，已经过去了五年，但是我对幸福的定义，仍与当年相同。

谈起婚姻，就自然离不开婆家人。

先生出生在安徽农村，家中有三个兄弟，他是长子。在他父亲17岁的时候，他的爷爷就去世了。他父亲作为长兄，不但供养了自己的弟弟妹妹读书、成家，继而又把自己的三个儿子抚养长大，供他们读了大学，并按照老家的习俗盖了房子，很是艰辛。

先生体谅父母的不容易，工作之后的全部积蓄，几乎都寄给了家里。我毕业之后，为了追随自己做心理咨询师的理想，除了吃穿用住，有限的收入基本都用来学习成长了。

我和先生相识的时候，双方在物质上几乎一无所有。哦，不，我为了学习和自我成长，还有一些债务。

我们确立了恋爱关系之后，他带我去见他的父母，他的父母对我是非常喜欢的；我带他去我家，我的家人也都对他很放心。可以说双方的家人对我们的结合都很满意，唯独一点，那就是双方父母都有些心疼我们，因为双方父母都无法在物质上给我们什么支持，用母亲的话说："你们俩结婚的话，除了底儿空了点，其他的都好。"

我知道这话里透着母亲对我的心疼，她希望女儿未来少吃点苦，但我更觉得这是对我们的信任与鼓励。

我总觉得，即便父母留下金山银山，自己不思进取，也终有一天会坐吃山空。双方父母都很老实本分，在生活的路上尽了他们的所能，虽然条件有限，但我们没有理由为难老人。我愿意与先生一起凭借自己的双手，去创造属于我们的幸福。

正是因为如此，我结婚没有向婆家要一分钱。婆家人也对我视如己出，我怀大女儿的时候，预产期是第二年的 2 月。先生了解公婆的工作环境，一旦婆婆离开了，公公就无法确保一日三餐。因此，我们并没有主动要求老人提前过来照顾我的生产。

出乎意料的是，在 2013 年的 11 月 3 日，公公婆婆在没有跟我们提前打招呼的情况下，就背着大包小包来到了北京，还为我背来了 300 个土鸡蛋。他们省吃俭用，坐了一夜的火车硬座，连卧铺都舍不得买，却在当地买了最贵的土鸡蛋给我吃。

他们到来之后，公公说明了提前让婆婆过来的原因，至今让我记忆犹新。他说："你出生在黑龙江，我们生活在安徽，我怕你妈做饭不合你的口味，所以让她提前一段时间过来，这样你妈可以按照你的口味学习做饭。到你生了小孩之后，月子里就能吃好了。"

而公公把婆婆送来没两天，又回去工作了。婆婆帮我们带孩子两年多的时间里，公公生病发烧了，只能自己熬着，身边也没有人照顾着。

幸福，是要学会知足。

大女儿暖宝出生前几个月的时候，婆婆来到我身边，把全部心思都用来观察我爱吃什么，不爱吃什么。每天我下班回家，她都兴高采烈地带我到厨房，掀开锅盖问我："怎么样，是你爱吃的吧？"

不仅如此，婆婆性格爽朗，热情好客，我的同事朋友都喜欢来家里吃饭。很多东北的同事吃起婆婆做的饭都非常感动，她们说："阿姨的东北菜已经做得非常地道了。"

暖宝出生之后，我对母爱的渴望被唤醒。委屈的时候就趴在婆婆的臂弯里流泪，婆婆真的如同妈妈一样给我关心和爱。

二女儿甜心出生之前，公婆又背来了许多土鸡蛋，甜心出生之后，婆婆经常给我蒸鸡蛋羹。开始时都用的大碗蒸鸡蛋羹，我跟先生一起吃，后来有一天，婆婆开始用小碗蒸鸡蛋羹，我和先生一人一碗。吃到一半我才发现，我碗里是从老家背来的土鸡蛋，先生的碗里是超市买来的普通鸡蛋。

原来这个时候公婆已经来北京一个多月了，背来的土鸡蛋剩下的不多了，婆婆为了让我在月子里多吃一些土鸡蛋，就采取了那样的方法，他们心疼我这个儿媳胜过自己的亲儿子。而且我还发现，公婆观察我爱吃哪个菜，他们就很少吃，让着我吃，除非这个菜剩下了，下一顿他们才吃。

先生的两个弟弟也对我非常好，虽然都是男孩子，却非常细心。每次回老家他们都给我女儿准备好儿童牙膏，还有给我这个嫂子精心准备礼物。我这次怀二宝的时候，二弟不但寄了很多新疆的干果，还从杭州寄了十盒不同的核桃。我说，真的太多了，他说："是不同的口味，你爱吃哪个口味的，以后再单独买哪个味的。"我感动不已。

幸福，靠用心的经营。

人与人之间的相处，靠的是真心换真心。公公婆婆对我如女儿一般，我也对他们如亲生父母。处处体谅他们的不容易，不仅结婚的时候没向他们要钱，后面的几年即便我们在北京的生活经济压力也很大，却一直在帮家里还借款。有公婆在老家盖新房子时候欠下的钱，也有后来公公创办鞋厂亏损的钱。

当时暖宝三岁，公公想跟人合伙开鞋厂，理智上我和先生都不十分看好，因为创业环境越来越艰难。但是先生对我说："爸的性格其实是能成事的，年轻的时候为了供我们三个读书，没敢去闯荡，挺替爸遗憾的。"

162/

当时我们手里也没有多余的钱，我与先生就找朋友借了一些钱支持公公去创业。因为我觉得人不会因为做过什么而后悔，一定会因为没做什么而遗憾。公公辛苦一辈子，无论创办鞋厂的结果如何，我都愿意支持他去实现他的愿望。

虽然鞋厂最终倒闭了，虽然在北京生活压力很大，帮公公偿还那些借款更是加重了我们的负担，但是我一点都不后悔当初的决定。能够设身处地地站在老人的角度去支持他，我为自己骄傲，我也相信家和万事兴，一家人努力奋斗，欠款总有还清的时候。

我从来没想过要婆家给什么彩礼，或者一定要买房子。当年怀暖宝的时候，婆婆刚来北京，看到北京的房租这么高，眼看宝宝就出生了，他们在经济上帮不上什么忙，难免唉声叹气地替我们着急。

我说：妈，你和我爸结婚的时候有什么？

她说：我没过门你爷爷就去世了，之前给你爷爷看病，到处借钱也没治好，只有一屁股的债，饭都吃不上，时不时都得亲戚救济。

我说：那你还替我愁什么呀？我之前投入学习的借款都已经还完了，我们俩都有稳定的收入。不比你当时强多了吗？而且，我爸是长子，你们不但尽了长兄为父、长嫂为母的义务，帮扶着带大同辈兄弟姐妹，还供你的三个儿子上了大学。你都能过到今天，我还有什么可担心的呢！

然后，我就在网上搜了《十大孝心少年》的视频给婆婆看。婆婆说，现在还有这么苦的孩子呢？

我说："是的，所以我肚子里的小家伙是幸福的，父母健在，还有爷爷奶奶姥姥姥爷疼爱。"

我说："妈，我真的觉得挺幸福的，你对我像亲女儿一样。我爸替我考虑得这么周到，让你提前四五个月过来照顾我，他自己一个人在老家都吃不好饭也心甘情愿。如果我嫁给一个富二代，人家能这么宠我吗？"她笑笑，不说话了。

幸福，是创造的过程。

几年前我和一个朋友一起逛动物园，逛了一下午我俩累得坐在马路边休息。她说，每当这个时候，我就特别希望我和老公有辆车。我说："我跟你的想法不一样，正因为没有车，现在下大雨了，我男朋友（当时没结婚）会因为担心我着凉，在积雨水的路上背着我走，如果有了车，就没有这份幸福了。"

怀着暖宝的时候，我有幸参加了清华大学组织的《积极心理学》课程，心理学教授彭凯平说："幸福是什么？幸福是创造的过程。"

我不愿意向双方父母索要任何东西，是希望我们可以靠着自己的双手创造未来，住自己挣钱买的房子比住父母买的心里更踏实。生活中每一刻都可以找到当下的幸福，只是我们生活在一个快节奏的社会中，我们的心迷失了。

我觉得，在北京生活这些年，从一开始只能租一个床铺，搬到可以做饭的合租房就是一种幸福，随着孩子的出生，我们从缺少阳光的一室一厅搬到南北通透的两居室又是一种幸福。每个阶段都有当下的幸福。

164/

我会时常跟人讨论起幸福的话题。小时候，好东西吃不起的时候，能偶尔拿黄瓜当水果吃真幸福。哥哥说小时候生活在农村，几个小孩凑了2毛钱，买了一块猪头肉，一人咬一口，现在回想起来都觉得异常美味。现在山珍海味吃着，再也吃不出那样的感觉了。

幸福，是盼着的过程。

一个朋友用她的哲学专业话语说了一句很接地气的话："人想幸福，就一定要有买不起的东西。"

随着暖宝的成长，她会有心仪的玩具和书籍，大多数时候她的愿望都是很快得到满足的。唯独在她练钢琴的时候，我们不确定她是不是真的喜欢，就在她学习钢琴三个月之后才买。我跟先生小时候的家庭情况，都买不起钢琴的。盼了三个月的时间，钢琴买回来时暖宝的那种幸福，真的无法形容。

我的客户中多半都是衣食不愁的。一个姐姐说，现在几乎没有买不起的东西，但是幸福指数却很低。由此可见，能否幸福不在于有什么。

参加《谁在说》节目录制的家庭，常常因为有了房子、有了拆迁款，弄得兄弟反目，骨肉成仇。确实物质基础影响上层建筑，但真的不是物质水平越高，越幸福。

幸福不是拥有什么，而是能不能看到自己拥有的。什么是知足？就是脚步朝着目标走，眼里只看自己现在的拥有，享受好每个当下。

幸福在哪里？幸福在我们用心的经营下，幸福在我们创造的路途上，幸福在我们盼着的日子里，幸福在每个人知足感恩的心中……

⟨02⟩ 接纳，是幸福的秘诀

前几年，我经历了这样一件事。

当时因工作需要，我会临时租用咨询室，一次使用一个小时用来与来访者完成咨询。有一个来访者与我约定的时间一直都是晚上八点到九点，因为时间比较晚，所以每次咨询结束之后，后面就没有人再使用咨询室了，我就会留下来把当天的咨询记录整理完再离开。

有一次，一位来访者临时需要提前一个小时开始咨询，当我们结束咨询之后，我习惯性地以为后面没有人再使用咨询室了，就开始整理当天的咨询记录。

但其实当天，外面还有人等着用咨询室，我完全忽视了这个可能性，直到接近八点半时外面的咨询师敲门提醒我，我才意识到自己犯的这个错误。她之所以等了那么久，是怕我的来访者迟到了，我们开始的晚，所以她不想打扰到我们的咨询。我当时特别抱歉，赶紧手忙脚乱地收拾东西。可是那位咨询师一直笑着说："没关系的，你别着急。"

回家之后，我特意在群里找到了这位老师的微信头像，并加了这个老师的微信，再次表达我的歉意。由于我的失误，不仅让这位老师等了这么久，也耽误了她的来访者的时间。

她说："我知道，你加我微信就是要道歉。其实真的没什么，人活着，注定要遇到这样那样的事。"

我的心一下子被这句话温暖着，瞬间释怀。而这句话，我会记一辈子。

人生不如意事十之八九，世间的一切，都是我们内心关系的映射。我们这一世要修炼的，其实是内心的祥和。

那时候我就在想，自己什么时候能够修炼成这样呀？

现在，怀着二宝七个月的我，就可以感受到自己内心的这份喜悦与祥和。

先生这个周末就要参加 MBA 的考试了，最后一周的复习时间很宝贵。虽然自从怀孕之后我的工作量有所消减，但是因为先生暂停了工作，全部的生活开支由我承担，我的工作任务也并不清闲。

女儿刚好在上个周末发烧了，去医院检查之后，大夫说孩子的感冒有传染性，要求我们隔离一个星期才能上幼儿园。孩子没生病的时候，周一到周五孩子在幼儿园，我和先生各忙各的，到周六日的时候，我独自带孩子两天，确保先生有足够的时间复习。

现在孩子病了，我不但要带她七天，还有自己的工作要开展。

很多朋友听说之后，都说："真是辛苦你了，怀着二宝赚钱养家已经不容易了。如今孩子生病，先生眼看着要考试，这个挑战真是不小呀。"

但是，从头到尾我真的没有任何的焦虑和不安。

我跟学员们讲了实际情况，灵活地调整了讲课的时间，学员们都非常理解。先生虽然要考试，但是也并非完全不能管孩子，我需要工作的时候，就占用一些他的时间。何况我个人觉得，他已经努力了三个月的时间，最终的成绩并不会因为最后这一周的冲刺，就有太大的差异。

正是我抱着接纳的心态，先生独自上自习的时候，我安心地陪着孩子，没有焦虑，反而非常开心。孩子的身体素质一直很好，恢复得也快。她不在家的时候，我收拾家反而不方便，因为很多时候蹲下站起比较吃力，刚好趁着她在家，凡是地上的东西，都是她捡起来递给我，我们两个配合着完成了扫除，她也特别自豪。

我学习的摄影课程要定期交作业。我现在怀孕七个月了，身子不方便，一个人的时候懒得走远。刚好她身体恢复好了，我就带她去公园，她可以滑冰，我可以拍照，我们两个特别享受在一起相处的时间。

心灵成长或许就是不断提升接纳度的过程。一个人对自己有多高的接纳度，对别人就有多高的接纳度。

过去我对自己就有很高的要求，比如孩子在上幼儿园之前，就非常焦虑。其实我知道自己对女儿的陪伴时间和质量都是足够的，我并不担心她上幼儿园的适应问题。但有一个现实问题是：女儿上幼儿园之后，我婆婆就要回老家了。这意味着如果一旦孩子生病发烧了，我就得放下自己的工作来陪孩子。

作为咨询师的我，工作的时间往往是提前与来访者预约好的。那时候工作室还会开展地面课程，参加课程的学员六到八人不等。对于北京的家长来说，花在交通上的时间成本是很高的。如果一个活动的时间改变了，会影响学员一天的行程安排。

虽然婆婆还没走，但是一想到如果因为女儿临时生病，我不得不取消咨询或课程，我就焦躁不安。

当时我正好参加了一个课程，我在课程中向老师表达了我这个焦虑，老师回答："我自己也是做了四年全职妈妈的，如果我的孩子病了，我就当是自己该放个假了。我们既然能够允许学员请假，那么老师也是人，为什么不能允许自己也可以请假呢？"

老师的话令我陷入了深深的觉察和反思，确实是我在工作上对自己要求太高了。在那之前，一旦与来访者约定了时间，我是从未主动取消和更改过时间的，但是我是允许我的来访者请假和更改时间的，这个要求对我自己而言其实是不平等的。

从另一个层面看，我的客户绝大多数是孩子妈妈，如果真的是我的孩子生病了而推迟工作，将心比心，她们绝大多数人是能够理解的。

我看到我这个想法背后是有一个"应该"的限制性信念，这个信念是："咨询师就应该在约定的时间完成咨询，讲师就不可以更改时间。"

有了这个"应该"的限制性信念的绑架，我才如此焦虑，生怕婆婆走后那种小概率事件的发生而影响了自己的工作安排。事实上，女儿上幼儿园将近两年的时间里，由于她生病影响我工作的情况几乎未出现。

焦虑，其实就是自己用未知的将来恐吓自己。焦虑，也是不能够接纳事情按照本来的面目发生和发展。

很多来访者刚找我咨询的时候都是无比痛苦的，而痛苦的根源多半是因为他们内心的接纳度不够。

比如，有的来访者的父母已经离婚十多年了，双方都已经各自组成了新的家庭，但是他们在心里就是无法接纳父母离婚的事实，以致在与别人相处的时候，都很少提及自己的父亲母亲。

有的来访者的婚姻已经走到了尽头，甚至与自己的配偶已经几年都不沟通了，婚姻中早就没有爱了，却始终因为自己不愿意接纳离婚的事实而维持名存实亡的婚姻。

生活中也有非常多的人，因为不能够接纳既成现实，而与幸福无缘。

有的人无论取得了多好的工作成就，却始终对高考的失利无法释怀。

有的人无论现在多么优秀，却对初中老师的一句伤害的话而耿耿于怀。

有的人无论现在多么被宠爱，却始终无法忘记自己曾经被初恋抛弃。

……

这些人始终无法接纳已经过去了多年的事情，也就无法享受当下的美好。

　　我非常喜欢下面的话，分享给大家，共勉：

平静的祈祷

上帝准许我平静地接受那些

我不能改变的事物，

有勇气改变我能够改变的事物，

以及有智慧地去了解二者间的关系

——Reinhold Neibuhr

03 富足，是内心的磁场

写《爱的觉醒》的时候，我已经辞职一年有余，正值创业初期，生活压力非常大。我想要给女儿足够的陪伴，又一心想着如何在专业上提升自己，如何更快地让事业有所发展。所以，整日奔忙，难有时间享受当下的美好。

现在的我，已然不同往日，就在此时，我能够听到电脑工作久了散热的沙沙作响，钟表永远响着节奏一致的滴答滴答声，还有先生和女儿此起彼伏的鼾声。

过去的人生，我要努力奋斗，才能解决温饱。今天的我，内在逐渐丰盈，讲课的收入、咨询的收入，书的版税，还有很多其他的收入，除了支付日常开支以外还有盈余，这是前所未有的状况。

过去的几年，我们的日子过得特别拮据，

房租甚至孩子的入托费有时候都需要借钱周转。2017年年底，我与两个好友一起聚会，其中一个好友问我："你的人生梦想是什么？"

我说："我的梦想就是把阅微心理做下去，帮助更多的人过得幸福。"

朋友说："我不喜欢你这种说法，你为什么只想着帮人，而从不想着让自己先富足起来呢？"

是呀，朋友的话令我醍醐灌顶，类似的对话其实早就有过。2015年我参加意象对话中级班的时候，我对朱建军老师说过："我的人生使命是帮助更多的人幸福。"

朱老师说："这个目标听上去有点……"

我据理力争，觉得自己这么想是没问题的。

那个时候的我，心里完全没有富足的概念。尤其对爷爷奶奶的离世，我心存巨大的内疚。

在个人成长的道路上，我无数次处理过对爷爷奶奶的愧疚。他们对我的爱，已经融化在我的血液乃至每个细胞中，我对他们的爱，却总因无以为报而无法释怀。这几年，在咨询中我不断地释放对爷爷奶奶的思念，后来听一个老师说："每一个生命都来自于大海，终将复归于大海。即便他们离开，也仍然与我们同在。"

对爷爷奶奶的离世，我终于开始释怀。这时，距离奶奶去世已经17年，爷爷过世12年。

我也开始允许自己过更好的生活，因为他们在天堂也希望我过得富足、开心、快乐。

这一年，我开始允许自己每周健身两到三次，和先生带着孩子一起实现了第一次的一家三口的旅行。过去买了衣服花钱多，我会心疼；现在我每次买完漂亮的衣服，我都会满心欢喜。我值得拥有这些美好的东西。

我不再因内疚而惩罚自己。

剥离了这个限制性信念，我明显感觉到自己赚钱比以前容易。以前是努力了半天，收效甚微；现在不再那么拼命工作，合理安排作息，收入反而不断涌入，这就是内在丰盛感召的结果。

过去的自己，特别害怕欠人情。能够允许自己过这么轻松自在的生活，拥抱富足，一位朋友对我的影响功不可没。

2017年我搬家的时候，好友刘悦发了888元红包给我。一个月之后，她也搬了家，我发了999元的红包给她。后来，她跟我说，我给她发红包的这个行为让她不舒服了半天。她意识到了我这个人把人情看得过重。以至于后来我们相处时，她想对我好时会格外在意我的自尊，生怕给我增加了心理压力。

为此我们有过一次深刻的交谈，她告诉我，她给我发红包是一种爱的表达，她不需要我回报什么。我的行为之所以让她不舒服，是因为她知道我上一个工作室的房租押金还没有退回来，新租的房子要押一付三，加上暖宝即将要上幼儿园，她觉得我手头已经很拮据了，还发红包给她，这不是她期待的。

我们分析了我这个行为背后的心里动因，与爷爷奶奶去世给我留下的无以为报的遗憾有关。我怕欠人情，更怕没有机会偿还人情。她表达了对我的理解，但是，她反复强调，真正的爱是不图回报的。

那一次的谈话对我触动很大。

我再一次搬家的时候，忙着上课没有时间签合同。她发着烧带着我妈妈去签合同，并告诉我："我帮你是我自愿的，你千万不要有任何负担。我虽然发烧呢，但是我即便在家里躺着也是难受。我既然选择了可以帮你，就是我力所能及。如果我的身体不允许，或者不愿意，我会拒绝你的请求。"

特别感激刘悦，她让我学会了在人际交往中更加轻松，再无须像以前一样活得那样沉重。

过去别人的帮助我都看得很重，有时候帮了别人，不自觉地内心里也暗自期待对方还人情。而今，在帮助他人的时候，我只问自己的内心是否愿意，不图任何回报，哪怕感谢都不需要。

2018 年生日的时候，刘悦又送了我一块价值不菲的手表，我很喜欢。她的生日在我生日之后的一个月，我在网上物色了两件她可能需要的东西，问她意见时她告知我她自己都已经买了，她说："我确实不缺什么东西，你不用给我买了。"

我发现我可以很轻松地接纳这个事实，我不再执着于还这个人情。恰好她生日第二天我们偶遇了，因为她处在减重期间，只能吃素食。中午请她吃了顿凉拌菜当作祝福了，她说"这就挺好。"我也觉得，这就挺好。情也不是靠物品衡量的，这是一份心。

因为现在我在心里确信，我值得她这么爱我，别人对我的爱，不需要回报。我活得开心，是对每一个爱我的人的最好回报。

不仅如此，在她的帮助下，我剥离了一系列与金钱有关的限制性信念。

比如，我曾经以为，老师要远离充满铜臭气味的钱财。

因此，以前，我从不直接收学员的学费，每一个报名课程的学员都需要转账到我的助理那里，多数学员联系我也只能通过助理的微信。但事实上，在一个人决定做心理咨询前，求助者是需要感受到老师的温度才能勇敢地迈出这一步。

于是，我决定剥除这些限制性信念，把一直放在助理手中的"阅微小溪"微信号拿回来自己打理，直接将名字改成"鲍鲍咨询师"。甚至最后把这个微信号和我的微信号完全合并到一起。当越来越多的学员可以直接感受到我的温度时，我也可以更多地了解到学员的需求。

我曾经还有一个限制性的认知，觉得每个人的经历都是不可复制的，每个人养孩子的方式也不尽相同，分享个人的事未必会对他人有意义。其实这个限制性信念背后的信条是"我不够好"。

当我剥离了这个限制性信念后，我写文章的风格也有了变化，过去一直站在专业的角度分享，如今更多地站在妈妈的视角解读。越来越多的人开始关注"阅微心理"，在二宝的生产之前开的微信课程也空前爆满，课程结束之后还不断有学员申请加入。

这些限制性信念的转变，让我找到了事业瓶颈的突破口。与大家的互动交流更多了，我的文章写得更接地气，创作思路也有了清晰的方向，自我价值感更高了，学员们听我课程后的反馈也越来越好。我感觉自己的人生开挂了！

　　剥除那些限制性信念，相信吸引力法则，每个人都可以感受富足，因为我们每个人都"本自具足"！

04 存在，本身就是价值

从事家庭教育事业以来，我接触的人绝大多数是孩子的妈妈，其中一些是职场妈妈，还有很大一部分人是全职妈妈。

在这些全职妈妈中，她们大多在怀孕之前，工作上都非常努力，有着不错的职业发展机会。因为结婚生子，家庭的需要，最终辞去工作，把全部的精力放到家里，陪伴孩子。

这个群体却通常有一个共性的特点，就是无论她们曾有多么优秀的工作能力，无论辞职后她们把家打理得多么有条不紊，她们内心深处仍然有很强的"我不值得感"。

最强烈地体会到这一点，通常是在她们报名参加喜欢的课程的时候。

平时她们对自己都是很"吝啬"的，她们当中很多人觉得反正也不上班，衣服很久都不买，也不化妆，平日里在自己身上几乎没有什么花销。

但是遇到了喜欢的课程，她们是无法割舍的。需要钱报名课程，她们与先生商量的时候内心是怯懦的，曾经报名我的微课的学员里，有人宁可向朋友借钱，也不愿意向先生张口。

她们这样的行为背后，一直有一个声音在说："我在经济上没有为这个家做贡献，所以我也不好意思在自己身上花钱。"

虽然，她们在理智层面也知道，即便自己没有创造经济收入，但是却大大地节省着家里的开支。因为如果自己出去工作，就需要请保姆，而这费用也是不小的数目。纵然明白这些道理，她们内心深处仍然有着那份无法驱散的低价值感。

这一份内心的感受，在我怀二宝之后也深有体会。得知怀孕后，考虑到体力精力有限，我就把地面工作室关掉了，工作量一下子减少了很多。加之怀孕的前几个月里，孕吐反应比较严重，也很嗜睡，我经常早上送完暖宝上幼儿园后，回到家需要先睡一觉，醒来洗衣做饭，吃过饭后，下午又睡一觉，一天下来除了接送孩子和做家务，基本上没有余力做什么工作。

有时候这样的情况持续几天，我内心会升起非常强烈的自我否定感。不但对现在的自己没有工作上的进展而感到强烈的不安，还会在心里谴责过去的自己都不够努力，才造成了如今的压力感。

这种感受是非常强烈的，以至于看朋友圈都会不自觉地去与那些成功的朋友比，看人家的事业做得多么风生水起，看人家对梦想的坚持多么令人心生妒意，进而陷入到更深的自我否定情绪里。

想做一些有意义的事，比如继续写书，但是无奈头脑总是不特别清晰；要么想着把家打扫干净，可是身体又力不从心。

后来我干脆就任由自己去体验这样的自我否定，看看到底会怎样。在这个过程中，我有了很多的觉察和反思。

在过去经营工作室的过程里，就有合作伙伴一直给我提建议，让我不要同时做那么多事，因为人的精力是有限的，做那么多事的结果可能是最终什么都没做好。

可惜那个时候我，在自己的节奏里，体会不到伙伴的这些劝说的意义。

怀孕后每天只剩下咨询的工作，不再为了工作室的房租而着急，不再需要为了提高工作室的利用率而四处奔走，不再需要为了推进业务而不断地找寻合作单位。

我体会到我备课的时候更加安心，咨询的时候更加专注，因为精力聚焦了。

我开始思考，为什么自己工作起来那么着急，那么贪多。我回忆起高中时期的学习就是这样的状况。为了取得好成绩，我总是买很多的练习册，但是到了最后，我发现自己连三分之一都没有做完。

后来我才意识到，其实做再多的习题，都是万变不离其宗的。与其沉迷于题海战术，不如把教材的知识点吃透。

但是，为什么买习题册的行为就是停不下来呢？就像是工作的时候，总是试图发展更多的业务呢？

原来核心就是内心那"不够"的感觉。

上学的时候，我觉得自己成绩还不够好，不够聪明，不够努力。所以，买那么多的习题册会让我自己有一种不断充实的错觉。

创业的时候，总是做尽可能多的业务，是因为我深感自己不够优秀，公司规模不够大，客户量不够多，以至于让自己处于一种奔忙的状态可以让内心这种"不够"的感觉得到掩饰。

当我怀了二宝之后，体力和精力的消退，迫使我不得不慢下来的时候，我才终于有机会直面自己内心那份"不够"的感觉，我才不再用忙、快、多的方式去逃避。

我相信这种不够的感觉不仅是我，不仅是全职妈妈，中国社会里有这种"不够"的感受的大有人在。只是每个人的"不够"的感觉表现形式各有不同而已。

有的朋友说，我们家账户的存款低于 50 万元的时候，我就开始焦虑。

有的朋友说，如果孩子上学了，这一天我只看了小说，我就会不安，因为我没有做有用的事。

有的朋友说，当别人问我的孩子，你妈妈最喜欢的事是什么的时候，孩子说妈妈喜欢做饭，我难过了很久，我是一个事业心那么强的人，却给孩子留下这样的印象。

或许是我们从小接受的教育太强调"有用"了，以至于我们对自己的要求里就不允许做太多所谓"无用"的东西。

或许是我们的父母、老师太常拿我们与别人家的孩子或别的同学比较了，我们生怕自己不够好，生怕自己被比下去……

这种"不够"的感觉，甚至植根于整个社会和全民族的集体潜意识里。从 1840 年开始，我们中华民族的近代史，是充满屈辱的抗争史。我们经历了战火硝烟，流离失所，即便是新中国成立以后，我们的父辈、祖辈还经历了物质极度匮乏的时期。他们内心深处都印刻着这种"不够"，在养育我们的过程中也不断地再强化给我们。

一个内心富足的人，会享受一个当下 being 的状态，Ta 不觉得自己一定要做什么才值得拥有，才值得被爱；而一个内心不够富足，甚至是匮乏的人，Ta 则需要不断地通过 to do，来证明自己存在的价值。

比如在家庭当中不受宠的长女，总是停不下来地干活，因为她只有通过勤劳，才能避免父母的批评；一个像樊胜美一样出生在重男轻女的家庭中的女性，只有通过为父母、哥哥买单，才能获得父母的一点点认可。

有一个来访者，在成长中面临着"我是值得被爱的"主题的时候，她回忆起儿时的经历，她的父亲只有在她取得了好成绩的时候，才会对自己温柔一点，因此在学生时代她用成绩证明自己是优秀的，工作之后她又努力创造财富来博取他人的爱。

长大之后，即便父母已经足够为我们感到骄傲，爱人对我们不工作的状态也足够接纳，但我们自己就是难有高价值感。因为，内心的"我不够好"的感受，才是我们不够心安的关键。

所以，根本的改变需要我们去直面内心的那份不安。当我任由自己去体会那份"我不够好"，当我从小到大那些"我不够好"的画面一一浮现在眼前，我开始跟那种"我不够好"做告别，那些都已经成为过去。现在的我，只要存在，本身就是有价值的。

特别感谢孕期的那个空闲时段，让我从"我不够好"的体验中彻底走出来。而生活中印证我足够好的事件也便接踵而来：先生因为准备考研，半年没有工作，整个孕期我的收入完全可以支持生活开销；越来越多的人加我微信，开始跟随我学习成长；越来越多的机构给我发来聘书，邀请我成为他们的讲师……

当我们内在觉得自己"不够好"的时候，生活中总会出现那些让我们感觉自己"不够好"的事情，这是内在匮乏的外在呈现，会陷入恶性循环。反之，当我们内在富足的时候，总是能够吸引来让我们自信、愉快、喜悦的事情，继而继续增强内心"我很好"的感受，从而进入良性循环。

而从这个过程走过来的我，内心有了更好的觉知，即便我不工作，即便没有外界的认可，我的存在本身也是价值。

05 每个人都能心想事成

其实与其说心想事成，不如说我们与外界本来就是一个整体。如果我们足够安静，足够倾听内心的声音，我们就能够捕捉到更多的信息，而非执着于某些问题。

修改这篇文章的时候，二女儿甜心已经出生，而且在很多人眼里我创造了一胎剖、二胎顺的奇迹。这次顺产经历的一波三折，也更好地诠释了"心想事成"。

因为想到同一个位置剖两次，我真的是挺害怕的，所以其实还是隐隐地期待能够顺产。

当我们抱着开放的心态去迎接生命中的每一件事的时候，我们就会发现，一切事情的发生都是我们允许的。哪怕这个事件不尽如人意，但这个事件一定可以提醒我们，给我们带来很多启示或转机。

比如在怀孕 30 周做产检的时候，我遇到了一个焦虑程度很高的大夫。我的 B 超结果中有一项指标显示有一点点高，这个大夫就要求我做生物物理评分，还让我一边吸氧一边做胎心监护。当时这些让我也有点紧张，但是第二天生物物理评分结果表明胎儿的状态是满分。

我两天连着做了三个 B 超，在医院排队的时候已经比较疲惫了，加之这个事刚好发生在流感的高发期，我回到家就感冒发烧了。大家听了我这个经历，心疼我的同时也觉得大夫折腾孕妇的做法比较可气。

但是我相信那个大夫不是故意的，就像做家长一样，对待孩子的同一个问题，有的家长觉得无所谓，有的家长就会焦虑无比。所以，我相信这个大夫也是偏焦虑的那一类。

我被折腾地发烧之后，很多人都觉得这次碰到这个大夫是件倒霉事，但是我却能够发现其积极意义。

因为之前一个专家一直对我说："你第一胎是剖的，第二胎也必须剖。"

恰好是因为这次做生物物理评分的经历，我有幸遇到了后来的王大夫。她当天的沉着冷静就给我留下了深刻的印象，此后产检我都约在她出门诊的日子。她一直鼓励我顺产，因为我的子宫瘢痕处的连续性很好，胎儿也并不大。

在她的鼓励下，我尽力控制体重，避免了像之前那段时间长得过快，顺产的信心与日俱增。

但是 39 周时的 B 超结果却把我的信心打回谷底，胎儿估重已经八斤多，此时一直支持我顺产的王大夫也让我好好考虑。

在仔细研究了我以往的 B 超结果，并了解到通常实际婴儿体重与大夫估重会有偏差的时候，我确信肚子里的宝宝没有那么大。在40 周 +2 这天夜里，我开始了有规律的宫缩，第二天凌晨六点先生陪我到了医院。

我被诊断为先兆子痫，加之瘢痕子宫和巨大儿，没有一个大夫同意我顺产。

当我疼得昏天暗地的时候，也在怀疑坚持顺产是不是风险太大了。那时我耳畔响起妹妹对我说的话："孩子这么大，就是不想让你受罪了。"于是，我跟先生在剖腹产的协议上签了字，等待手术。

但是由于上一台手术的产妇大出血，原本九点就能结束的手术到了下午一点才结束。而等待的过程中我的宫口已经开了两指半，到了可以实施无痛分娩的标准。中午十二点的时候，我实在是疼得受不了了，让先生找来大夫，请求无痛分娩。大夫问我："你到底是剖还是顺？"我真的没有那么伟大，我说哪个能先打麻药，就哪个。

因为上一台手术没有结束，就这样，我被推进了产房实施无痛分娩，当天下午 18：00 宫口开全，19：25 分二女儿甜心顺产出生，体重 7 斤 1 两，的确比估重的轻了一斤多。

如果不是阴错阳差地遇上前面手术的产妇大出血，迟迟没有结束手术，那么我可能等不到无痛分娩孩子就已经被剖出来了。真的感恩上苍的眷顾让我二胎顺产，终于实现了心想事成。

要想拥有心想事成的生活，首先要从心底里相信心想事成。我真的无数次地觉得，自己实在是上天的宠儿。

在许多人眼里，我身怀六甲还要担起养家的重担，是一件倍感压力甚至令人焦虑的事。

但我看到的是：先生一边照顾孕期的我，一边照顾大女儿，在已经毕业十几年后顺利考取了中央财经大学的 MBA，而这成绩的背后又离不开我的支持，纵然短时间内经济压力大一些，但这是多么宝贵的人生经历啊。

就连二宝的预产期都这么令人满意。因为先生还有两个弟弟，老人在家里过年还有很多事情要处理。正月底的预产期，刚好可以让公婆等两个弟弟过完年离开家后把家里收拾一番，再从容地来北京照顾我。二宝出生后，先生不仅完成了入学体检和政审，同时又找到满意的工作，可以说，家人对我的照顾实现了无缝衔接。

很多年前就有人跟我说："鲍阅，你性格真好，乐观开朗，一点都看不出你是在离异家庭中长大的孩子。"

的确，在别人眼里，我从小父母离异，最疼爱我的爷爷奶奶又相继去世，家里条件那般拮据，我结婚后双方父母也不能在物质上有任何助力，大多数人经历这些大概都会怨天尤人，觉得自己不幸。

但是我很少花时间去关注我的不如意，却总是在方方面面给自己积极的暗示。

如果我有幸买到一趟火车的最后一张车票，一有机会我就会跟许多人吹嘘：看看我命好吧，这就是来得早不如来得巧。

星座、血型、生肖、四柱预测里面对自己的描述，我从不排斥，里面对自己描写得好的方面，我总是深信不疑；里面描述不佳的部分，我总相信通过努力可以改观。亲近的好友要么觉得我自恋，要么觉得我魔怔。不过这两个词，我也统统会理解为褒义。

在四柱预测里面输入先生的生辰八字，我记得最清楚的一句就是："妻子贤淑，能得内助之力而成功。"我会沾沾自喜地拿着结果给先生看，并要他承认他命好，娶了我这么好的贤内助。

29 岁的时候，生母告诉我，我小的时候，奶奶就说过："这小丫头命好。"奶奶每次给我缝小衣服、小被子，眼看着线不够了，以为得再穿一根线，没想到缝到最后总是刚刚好。

这让我想起，或许在奶奶给我传递的信息里，就让我始终坚信自己是一个幸运的姑娘。小时候过生日买不起蛋糕，但是在我生日的前几天常常会有人求爷爷帮忙，然后买了一堆好吃的给我。奶奶当时也说过我命好。

即便是起初看上去不太好的事，最后也可能有意想不到的收获。正所谓"塞翁失马，焉知非福"！

就像我的身世，四岁的时候父母离异，这在很多人眼里都是不幸的经历。

但我看到的是：妈妈是在比较缺爱的环境中长大的，她个人对卫生的标准极高。她自己都不否认，如果我在她身边长大，她肯定会像对自己那么严格甚至严苛地对待我，那么今天的我也显然不是这般乐观自信的性格。

我与继母、继父相处得比真正的血亲还要好。继母对我教育少了干涉，多了尊重，不像对待妹妹那样什么事都不放心，因此我能更多地掌握自己人生的主动权。

虽然小时候妈妈不在身边，姑姑会埋怨我拖累奶奶。但也因为恰恰有这些经历，我从小就擅长察言观色，对别人的情绪感同身受。对一名心理咨询师来说，这些经历反而成了得天独厚的基础。

正因为我笃定地相信自己的命好，幸运女神总是一次次降临于我。

纵然出身贫寒，我想达到一个目标可能需要比别人付出更多的努力，但是我特别喜欢安徽卫视《超级演说家》第二季的总冠军刘媛媛在决赛讲的《寒门贵子》中的一段话：

"命运给你一个比别人低的起点，是想告诉你，让你用你的一生去奋斗出一个绝地反击的故事。这个故事关于独立，关于梦想，关于勇气，关于坚忍，它不是一个水到渠成的童话，没有一点点人间疾苦。这个故事是'有志者、事竟成，破釜沉舟，百二秦关终属楚'，这个故事是'苦心人、天不负，卧薪尝胆，三千越甲可吞吴'！"

或许正是因为如此，凡事我都喜欢看到积极的一面。纵然有坎坷的童年经历，我也从不抱怨生活的艰辛，不去抗争命运的苦难，而是凡事尽人事听天命，做到问心无愧。/189

我对两个女儿的教育也是希望她们：常怀感恩心，多看如意事。

我相信父母更喜欢感恩乐观的孩子，老天爷当然也更会厚爱我们这种知足、感恩、勇敢的姑娘。

如果你总是说你的父母不好，你的父母可能就真的伤心而对你不如从前；如果你总是怨天尤人，老天可能就真的给你的结果也都如你所"怨"。这也是《秘密》里面的吸引力法则所揭示的道理。

正所谓，心存善念，天必佑之。

人生不如意十之八九，我的幸福源于我几乎把全部的精力，都用来关注那如意的一二。如果哪里有不顺，也相信上天自有更好的安排。

如果你相信心想事成，那么事情如你所愿！

倘若你笃定事与愿违，也许结果如你所怨！

只要相信，每个人都可以心想事成。

读者感言

寻找秘密通道，
带你走向幸福的秘境花园

司　南

引言

1988 年出生的鲍阅，25 岁时嫁给了爱情，先后生育两个可爱的女儿；27 岁时，成为心理咨询师；28 岁时出版了第一本家庭教育书籍《爱的觉醒》。如今，她的第二本书《每个人都能心想事成》也已面世（透露一下：接下来，她将举家迁往苏州，寻一处美丽的地方开一家令人向往的客栈）。在诸多人眼里，她耕耘着自己钟爱的事业，陪伴着两个孩子的成长，活成了人人向往的模样。幸福是有秘诀的，她在第二本书里真诚地把这些秘诀分享给了大家。她希望我们每个人都能活成心想事成的自己。

与君初相识：她是被爱包围的一朵太阳花

与她的相识，可能她都不记得了。我记得。大抵是因为写作的缘故，我常常能记起一些无关紧要的细节。

比如那一天，我在摄影群里发了一张照片，是荷叶中坐着两截切开的莲藕。她笑嘻嘻地加了我的微信，聊了起来。她在北京，我在广州。但我隔着屏幕也能感觉到她的爽朗和热情。

茫茫网海，就此与她产生了链接，缘分之花慢慢绽放。

后来得知，她是心理咨询师。我对这个职业有着天生的好感。于是，我打消了一贯的被动和高冷，自动地亲近起她来。

比如，再后来，我要开写作微课时，我会主动向开了六年微课的她询问，怎样的讲课方式更好。我甚至将她邀请至我的社群做"教学督导"，听听我哪儿讲得好，哪儿讲得不好。

她说她喜欢橙色，她给人的感觉也正是一片橙，暖暖的，像太阳。她永远笑着，在照片上，在声音里。对，即使在语音通话时，在铿锵有力地批判某种现象时，你也能感到她的笑。

她的生活一派静好模样，但又不是刻意打造的精致，而是人间烟火气十足的。她发的朋友圈，不是修过的美图，不是做作的文字，而是寻常百姓的原生态生活。很多时候，还留着孩子没擦干净的嘴，没理清楚的衣服。接地气的真诚藏也藏不住。

这世间，每个女子都是一朵花。有人是清气的幽兰，有人是贵气的牡丹，有人是朴雅的雏菊，有人是娇艳的玫瑰……而她，一定是一株太阳花，明媚动人，散发出植物该有的温度。

她活出了自己该有的仪式感。不是简简单单给自己买一束花、吃一顿西餐，而是真正的带着爱而来。比如孩子的生日，她会花大量的时间去写一篇长日记，制作一个短视频。看得让人心里暖融融的。

她还会制作小惊喜。比如给你寄书，打开箱子，你发现箱子里有一个可爱的小本子。等你再打开小本子，却发现里面还有一张精美的小卡片。打开小卡片，你便收到了她亲笔手写的一封小情书……

她也特调皮，古灵精怪的，让人想起金庸笔下的黄蓉。比如，她会给水果换个芯，火龙果装进黄瓜皮里，把西红柿装进橙子皮里。

写写书法，拍拍孩子，读读《道德经》，玩玩单反，做做咨询……我们总以为这就是她生活的全部，美好得不遮边，淡然得像隐居。

走进时光机：她原是苦难里长大的孩子

《安家》里的房似锦说过一句话："每条光鲜的裙子背后，都有一个不经意被勾破的洞。"对很多人来说，会想方设法地去修补或是掩盖这个洞。但是她却在新书里彻底打开自己这个洞，给更多的人看。

之所以如此坦诚，一是因为她已经成长到足够强大，对这些过去的东西、背后的事情完全释怀；二是她真正地想让人们从她的故事里吸取更多的力量，不走弯路。

读着这本书，仿若走进一个时光机。在这里，我看到一个小女孩鲜活地从文字里跳了出来，她一路跌跌撞撞，奋勇拼搏，拥抱苦难，从一棵小草蜕变成一株美丽的花朵。

四岁的时候父母离婚，从此一个人跟着爷爷奶奶过。未成年之时，爷爷奶奶又相继离开人世。

物质的匮乏，爱的缺位和离去，让小小年纪的她便有了一颗极度敏感和自卑的心。也因此，她比别人更早懂事，也更为倔强和充满韧性。

大学的时候，她没有像其他同学那样轻松过，而是泡图书馆、做兼职。

一路奔跑的她，就像一棵不起眼的小草，可是她的怀里揣着热烈的春天般的梦想。她卯着一股劲儿往前走，准备着，不放弃，即使身处石缝间，也努力地吸纳阳光和雨露。最终，她绽放成了今天美好的模样。

幸福的秘诀：爱与被爱的漫长修行

我一直觉得奇怪的是，她总能记得每个人给她点过的赞，留过的言，发过的朋友圈。读完这本书后，我找到了答案。

她是真心记得每个人的好。从奶奶、爷爷，到父亲、母亲、继母、继父，再到叔叔、伯伯、婶婶、阿姨、同学、同事、邻居……几乎每一个在她生命里出现过的人，她都深深地记着、感谢着。

读她的一部成长史，其实就是在读一部爱与被爱的故事。

我们每个人都知道爱与被爱无比重要，甚至可以说，构成了生命的全部。但是我们却未必知道爱与被爱都是一种能力，都需要修行。

我们会以为，爱就是对别人好，却不知道不适宜的好，其实更像是枷锁。

她是一个非常懂得爱别人的人。她爱着自己的至亲，也爱着自己的近邻，她爱着自己的同事，也爱着自己的学员。

正因为心中有爱，她才能常常收获他人的爱。

她一直信赖："以金相交，金耗则忘；以礼相交，礼尽则散；以势相交，势败则倾；以权相交，权失则弃；以情相交，情断则伤；唯以心相交，淡泊明志，友不失矣。"

她也一直奉行"以心相交"，处处为他人考虑，并且不希望自己的爱成为他人的负担。她常常告诉别人：你不要记在心里，等你成长后，去温暖更多的人就好。

前不久，看到娟子在朋友圈发出来的一篇文章，方知道，她用

真心和爱偷偷地做着的，远比我们知道的更多。

娟子因为身患疾病，曾在无菌仓待过漫长的时日。但是她一直与疾病做顽强的抗争，一片赤诚地热爱着生活。她写得一手好文章，更拍得一手好照片。曾经，她还是摄影班的点评老师。

鲍阅得知娟子的故事，一点一点地用爱去浸润她的心灵，虽然也以物质相助，但却小心翼翼地呵护娟子的自尊。

我们或以为，爱需要能力，却不曾想过被爱亦是。一个不能觉察到爱的人，一个不能敞开心胸接纳爱的人，又怎能将外界的爱尽收心底？

说到这里，我突然觉得她像是提着篮子的天女，把自己的爱像花朵一样洒满人间，同时，也敞开篮子，接收着天地精华和人间之爱。或许，正是这样源源不断地输入和输出，才让她得以永浴爱河、永葆新生吧。

而我们每个人，终其一生，不过都是在学会爱与被爱的路上。修行好这门学问，便拥有了人生幸福的一把密钥。

岁月凝香：你一定也能心想事成

如今，她的生活已是一副摇曳多姿的模样。闻一闻，散发出一股清幽的香。

这香，是梅香，是岁月凝结而成，自苦寒和淡泊而来。

她拥有的其实根本不多。比如，到如今，她也依然没买房，但是他们一家四口生活得和乐融融。她说："我不认为有车、有房这些标配的人生才是幸福，我自然也不受这些世俗的评价所累。所以，哪怕我是兄弟姐妹里，唯一一个还没有房子的人，但是，这丝毫不影响我的幸福指数。"

而很多的人，比起她来，拥有的实在太多。他们有房子，还想要再大的房子；他们有车子，还想要更好的车子，他们有孩子，却还要儿女双全、人间圆满……

可她，拥有什么呢？

曾经，命运连一个健全的家都不曾给予她。可是她看到的依然是爱，是命运安排的"两个父亲两个母亲"双份的爱。

自己初建家庭，养育孩子，身在皇都，负担重重，捉襟见肘，可是她依然支持丈夫为了梦想而辞职拼搏。

她从来不把物质放在眼里，那些能够让她铭记的都只是爱。那些能够让她努力付出的，也依然是爱。

所谓"心想事成"，关键是修心。

在这修心的旅途里，她也是寻常人。她也要面临诸多问题，比如：如何成为更好的自己，怎样实现自己的梦想，如何获得家庭、事业的平衡，怎样好好地爱自己……

她一路摸索，修炼，也一路成长，花开。如今，她把自己成长路上吃过的苦、摔过的跤、入过的坑，都呈现给你看，而更为重要的是，她用自己的故事告诉我们，在身心灵修炼的路上，在通达心想事成的彼岸途中，有一些秘密通道你不得不知。

她说：上天给我们一个低的人生起点，其实是让我们用一生的时间去书写一段属于自己的传奇人生，表面看人生颇多不如意，殊不知我们每个人都是自己生活的编剧。只要用心，每个人都能心想事成。

而所谓心想事成，便是那一片幸福的秘境花园。

198/

（司南：潇湘女子，现居花城，职场人，写作者，俩娃妈。在最热闹的都市过最隐居的生活，在最凡尘的世界修最澄澈的内心。）

相遇一周年：
因信结缘，我与鲍阅老师的故事

娟　子

今天是 2020 年 3 月 27 日，也是我与鲍阅老师相识一周年的纪念日。

时间仿若白驹过隙，一不留神，就悄悄溜走了一年美好的光阴，彼时，总要写些文字，记录独属于我们的那些温暖往事，内心才会踏实。

这一刻，四周很安静，雨后的空气似乎夹杂着清香的味道，舒适极了。

我端坐在书桌前，悄悄地打开电脑，任^{/199}思绪飘向一年前的那个早春，三月的北京，阳光和煦而温暖，因为一篇文章，一封信，让两个不曾相识的灵魂瞬间碰撞出心灵的火花。

一篇文章，一封信，便开始了我们的缘分

2019 年 3 月 26 日，我在遇见吧啦公众号发表了一篇自己与病魔抗争的文章。发表的当天，我就将文章转发到了朋友圈。

这是我许久以来第一次在朋友圈公开自己的特殊经历。由于摄影助教和公众号签约作者的身份，我的朋友圈多了一群同频的小伙伴。

他们惊讶于我的特殊经历与励志故事，敬佩我在低谷期从不甘示弱的骨气。此后，在大多数人心中，我与"励志"二字便如影随形的联系在一起。

因为这篇文章，我收获了太多感动的瞬间，当天就有近 100 人添加我为好友，大家纷纷转发我的文章到朋友圈，收到很多温暖的私信……给我私信的朋友中，鲍阅老师就是其中的一个。

那时，她刚生完二宝甜心才几天，身体还很虚弱，但她依然给我发了一段鼓励的文字，并向我要地址，赠与我她的签名书《爱的觉醒》。

没有想到的是，如同尘埃的自己，竟然还会受到鲍阅老师如此贴心的关爱，内心的感动油然而生。

第二天的中午，我从医院回来后，取了快递，不曾想到与书一同邮寄过来的还有一封信和一部单反相机。那一刻，我再次被这

份沉甸甸的礼物震撼到了，送的是礼物，传达的却是一份深深的情谊。

其实，当时答应鲍阅老师邮寄签名书后我就后悔了，毕竟她在月子期间，身体并不方便，然而我没有想到的是，鲍阅老师竟然还写了一封长长的手写信。

亲爱的娟妹：

你好，见字如面。

缘分是一件妙不可言的事，我们是第六期摄影课堂的同学，那时我孕早期反应严重，并没有参与学习，偶尔会看大家的作业，对你有了最初的印象。

后来在第七期课程中，我们互加微信，始终感觉很亲近，见你写文章会支持你写公号，看你点评辛苦，就帮你出主意用语音转文字。

直到昨天得知了你的故事，我才明白了我为何会与你莫名亲近，因为我们内心深处会有许多相似的特质。

当然妹妹比我更坚强、勤奋、富有勇气，在得知你的艰难抗击病魔的事的第一瞬间，让我理解了酷爱摄影的人，为何还没有购买单反相机，也在第一时间，在我内心深处有一个声音说，这就是属于娟娟的一份礼物。

我会发《感谢遇见每个你，写哭了我自己》这篇文章给你，这里记录了我生活中的一些事，我从小接受过特别多的人的帮助，长大后一直在力所能及地帮助身边的人。

我也践行了几年的断舍离，把东西分享给最需要的人，我深知妹妹性格中有坚强，更有倔强，不愿轻易接受他人的馈赠。

但我真心觉得，你用这个相机可以记录生活中的美，可以更好地发挥她的价值。

这是五年前生大宝为了记录她的成长买的，只有百天前频繁用过一段时间，去年学习摄影用了几次，如今为了拍好二宝，已经购置了更好的设备，曾想过二手转卖掉，但其实也卖不了多少钱，不如放在妹妹手里去发挥她的价值，拍出更美的作品。

希望妹妹收下她，这真的是我特别真诚的心意，没提前征得你的同意，实有冒昧。将来你既可以把她转送给更需要的人，把爱传递下去，也可以还给我，我会尊重妹妹的选择，当然如果你愿意一直使用她，这将是一件最令我开心的事。

我只害怕你拒绝我。

202/

我最大的心愿是见证妹妹的成长，看到你拍出更美的佳作。

我们以后一定有机会见面的，更多的彼此了解，祝愿一切顺遂，一生幸福。

爱你的鲍阅姐

2019.3.27

读完了鲍阅老师的手写信，我又读了《感谢遇见每个你，写哭了我自己》。我是流着泪读完鲍阅老师这篇文章的。看了之后我才知道了她的一些经历，原来鲍阅老师也经历了常人难以想象的坎坷。通过朋友圈，我一直觉得她在非常健全的家庭顺利成长，所以才会能量十足，原来是我的错误认知。

那一刻，我被鲍阅老师旷达的心胸深深感动着。

她是国家二级心理咨询师、资深家庭教育指导师，"心理反哺"理论首创者，在心理学领域深耕十年有余，有着非常丰富的职业经验，她28岁就已经出版了心理读物《爱的觉醒》，每一项成就，如同闪耀的光环一般，吸引我、激励我。

看着这样一封温暖的手写信，内心五味杂陈，再多的言语也无法表达当时的那份感激之情。

那时，我经济拮据，鲍阅老师得知我还未购买单反相机时，在未征求我同意的情况下就邮寄给了我。此后，她没有将这件事公开过，极力保护了我那颗脆弱而敏感的自尊心，心里由衷的感谢她。

一篇文章，一封信，便开始了我们的缘分，也就有了后面被更多朋友知晓的故事。

日常小事里，她如姐姐般给我细微关爱

此后，鲍阅老师会默默地关注我，在我需要的时候，给我一些

细心的指引。

当我写百家号时，鲍阅老师说："因为别人打开后要跳到第三方平台浏览，用户体验不好"，她就建议我写公众号会更方便，而且还主动教我怎么操作，推荐我好用的编辑器。

当我每次点评摄影作品时，鲍阅老师细微的发现我是用手机编辑的文字，她跟我确认后，担心我太辛苦，于是给我分享可以用语音转文字的方法。

不久后，鲍阅老师出月子了，她邀请我去她家做客，并留我共进午餐，与我分享了她的相册。当亲眼看到这些相册时，我被如此用心细腻的母亲所震撼，从亲自拍摄，到精挑细选，再到冲洗，最后分类整理在相册中，需要耗费大量的时间和精力。

对惜时如金的鲍阅老师来说，无论是事业上，还是家庭中所扮演的角色，她都能做到全心全意的付出，只因"真心"二字。

考虑到鲍阅老师刚生产不久，需要多休息，我并没有久留。

那天晚上，当我拿起手机，忽然发现不断有人加我，当我打开列表后，看到"鲍鲍推荐"这几个字才明白，那天鲍阅老师一共为我发了3条朋友圈，添加我的好友人数高达70多人。

从最开始教我写公号，到中途的写信邮寄礼物，再到邀请我去她家做客，并在朋友圈推荐我的微信，在我们并不熟悉且我没有为她做任何事情的前提下，鲍阅老师能无条件地鼓励我，支持我，帮助我，这让我深受感动和鼓舞，也收获了很多温暖，这是无法用物质去衡量的珍贵记忆。

因为性格使然，我并不善社交，也极其缺乏主动性，即便那时知道了奕谋老师在做木光摄影空间，我也没想到过要加入。

在鲍阅老师的推荐下，我加入了木光摄影空间，开始与奕谋老师有初步的接触与沟通。并逐渐成为木光摄影空间平台的文案策划、公众号主编、点评助教。

后来，奕谋老师开设种子班，鲍阅老师被选为班长，我因为主编公众号，偶尔会与班长鲍阅老师对接工作。

因为我没有职场经验，平常连基本的团队分工与合作都衔接不好，包括很多其他技巧上也束手无策，鲍阅老师会给我很多宝贵的意见，帮助我逐一攻克。

因为鲍阅老师，我才能跟随奕谋老师的脚步，让自己在摄影领域不断精进，这是一种怎样的缘分？

这一路走来，在鲍阅和奕谋两位老师的帮助下，我成长了很多，无论是摄影知识上，还是其他技能上，亦或是在人生的奋斗方向上，他们都给了我很多指导性的意见，让我少走了很多弯路。

鲍阅老师一直做着雪中送炭的事

后来，奕谋老师来北京，见面聊天，我才知道，在团队分工中，鲍阅老师虽然承担了很多工作，最后发酬劳时，她要么谢绝，要么会把属于自己的那份，分给我们两个年轻人。

我内心深表感谢的时候，她却说："这个没什么，我经验多，收入渠道多，团队初创是艰难的时候，我就不要了。能帮助你们两个初入职场的妹妹成长，也是一件幸运的事，你不用谢我，将来你成熟了，也去帮助比你年轻的朋友就行。"

其实她并不是生活条件多么优越，读了这本《每个人都能心想事成》，大家都会知道。

此后，我真的发自内心的，觉得她就是姐姐，叫"鲍阅老师"反而觉得不习惯了，自然而然地改口叫她鲍阅姐。

上个月，一个偶然的机会，我和少年开始做付费课程，因为我们都是第一次做，并没有什么经验，当鲍阅老师知道了后，她不仅很支持我们，还主动让我们制定好方案给她看。

在此之前，我们做了一个月的公益分享，少年第一次做分享那天，她体谅少年一边要添加新人，一边还要讲课，担心少年的时间不够用，亲自帮少年做 PPT，把我跟少年感动得不知道说什么好。

她说："你们最需要的时候，我做一些举手之劳的事，都是应该的。"其实因为她工作量大，还有两个孩子要照顾，她自己的文章都有专业的助教帮忙编辑，她却无偿地给我和少年做起了幕后的助理。

为了表达感谢，少年向鲍阅老师要海报，想在开课的时候向群里的伙伴介绍鲍阅老师，鲍阅老师却说："你们才是主角，不用发我的海报。"

现在有很多的创富营，除了可以学习以外，还可以扩展自己的人脉圈，接触到很多人都无法接触的资源信息，

很多人推荐给鲍阅老师，让她去报名参加，鲍阅老师对此是直接拒绝的。她说：宁可做一些雪中送炭的事，把时间用来帮助年轻人少走弯路，也不愿意去攀附任何比自己强的人。

为此，鲍阅老师还特别用心地写了这篇文章——《鲍阅：攀附任何人脉，都不如提升自己来的实在》。

在文章中，她写了这样一段文字：

以金相交，金耗则忘；以利相交，利尽则散；以势相交，势败则倾；以权相交，权失则弃；以情相交，情断则伤；唯以心相交，淡泊明志，友不失矣。

现在是互联网时代，随着知识付费的兴起，越来越多的人为了流量逐渐失去初心和底线，傍大咖，打造虚拟人设，而鲍阅老师做知识付费 6 年来，始终保持初心，即便没有花高额费用做营销，但是每一期课程都源源不断有老学员报名，这是她用心积累的口碑，只有良好的口碑，才能更长久。

她会记得许多会员的生日，在会员生日当天在群里发红包，在学员订婚、结婚、生子的时候，她都会送上祝福。她没有因为自己

的事业越做越大而有任何傲慢情绪，而是越来越谦卑。她对我说："是那些信任我们的学员成就了我们，做人不能忘本。越是信任我们的人越是不可以辜负。她也从来不用粉丝这个词，她对每一个追随她的人都充满尊重。"

因为特殊的经历，鲍阅老师立志长大后要成为一名心理咨询师；为了帮助更多家庭减少伤害，经过多年的成长经历，她实现了儿时的梦想，已然成为一名优秀的心理咨询师，并始终坚持自己的初心。

我始终相信，世间所有的相遇，都是久别重逢。感恩所有的遇见。

写于 2020 年 3 月 27 日星期五

（与鲍阅相识一周年纪念日）

（娟子：90 后励志女孩，曾因病退学，历经了七年的灰暗时光，最终抗癌成功，她在低谷时思考着人生的终极意义，她的励志故事影响了无数人。她热爱摄影，擅长写作。）